Joseph Brodsky

CivilizedChildren

文明的孩子

布罗茨基传

刘文飞 著

当代中国出版社
Contemporary China Publishing House

图书在版编目（CIP）数据

文明的孩子：布罗茨基传 / 刘文飞著 . -- 北京：当代中国出版社，2022.9

ISBN 978-7-5154-1177-4

Ⅰ . ①文… Ⅱ . ①刘… Ⅲ . ①布罗茨基 (Brodskiy, Isaak Izrailevich 1884-1939) —传记 Ⅳ . ① K837.125.6

中国版本图书馆 CIP 数据核字（2022）第 067175 号

出 版 人　冀祥德
责任编辑　隋　丹
特约编辑　葛灿红
责任校对　贾云华
印刷监制　刘艳平
封面设计　马　帅　鲁　娟
出版发行　当代中国出版社
地　　址　北京市地安门西大街旌勇里 8 号
网　　址　http://www.ddzg.net　邮箱：ddzgcbs@sina.com
邮政编码　100009
编 辑 部　（010）66572264　66572154　66572132　66572180
市 场 部　（010）66572281　66572161　66572157　83221785
印　　刷　北京润田金辉印刷有限公司
开　　本　880 毫米 × 1230 毫米　1/32
印　　张　5.5 印张　1 插页　108 千字
版　　次　2022 年 9 月第 1 版
印　　次　2022 年 9 月第 1 次印刷
定　　价　43.00 元

书页和烈焰，麦粒和磨盘，
锐利的斧和斩断的发，——上帝
留存一切；更留存他视为其声的
宽恕的言辞和爱的话语。

——《阿赫马托娃百年祭》

目 录

Catalog

第一章
涅瓦河畔

在俄罗斯的西北角上，有一条名叫“涅瓦”的河流，它从拉多加湖流出，然后注入波罗的海的芬兰湾，全长只有七十多公里。然而，这却是俄罗斯最著名的河流之一，因为，在它的入海口三角洲的诸多岛屿上，就耸立着俄罗斯伟大的都城圣彼得堡。

圣彼得堡，一座美丽的城市，涅瓦河及其数条支流从城中蜿蜒而过，其间还纵横着一道又一道的运河，城里的每一幢建筑几乎都建在水边，建筑立面上富有古典主义韵味的雕塑和装饰纷纷在水面上投下了细碎而又朦胧的倒影。数不清的各类桥梁遍布全城，将十几座大小岛屿连接在一起，同时也对这座城市进行了独特的区分，使它充满神秘的变化。大型建筑物上那一个个金色的顶端，或是在翻滚的低云中若隐若现，或是在灿烂的阳光中放射出夺目的色彩。一座座宫殿和教堂周围都环绕着广场、花园或林荫道，构成一个个完美的建筑组合体。亲水的设计布局，再加上古罗马的建筑风格，使圣彼得堡又有“北方威尼斯”的别称。

圣彼得堡还有“白夜之城”的美名，如果在夏初来到圣彼得堡，你就能看到神奇的“白夜”。与普希金同时代的一位诗人维亚泽姆斯基，曾将这里“静谧、幽蓝的夜晚”称作“北方天空的女儿”。傍晚，在夕阳西下之后，城市的路灯会照例亮起，然而，夜幕却迟迟不愿降临，失去了夜与昼之概念的人们会久久地在涅瓦河边漫步，就连海鸥也会忘却疲倦似的在河面上不停地翻飞，微微泛白的天幕和波光粼粼的水面交相辉映，少顷，迫不及待的朝霞又重新向城市和城市里的人们发出了热情的呼唤。

其实，这样一座美丽的城市并不是自然形成的，而是依据一位君王的意志在一片沼泽之上建造起来的。18 世纪初，当时的俄国沙皇彼得大帝为了“打开一扇敞向欧洲的窗户”，同时也为了与瑞典等西北欧的海上强国争夺出海口，便决定在俄国版图上离欧洲最近、离海最近的地方新建一座都城。1703 年，被驱赶到涅瓦河口的无数工匠、士兵和农奴，开始了艰苦的建城工程。在短短十年之后的 1712 年，彼得大帝就已将俄国的首都从莫斯科迁到了这座崭新的城市，并将该城命名为“圣彼得堡”（意为“彼得之城”）。从那时起，直到十月革命后的1918年，在两百余年时间里，圣彼得堡一直是俄国的都城。

圣彼得堡也是俄罗斯的文化之都，自彼得大帝以来所有的俄国作家、诗人、画家和音乐家，几乎都与这座城市有过这样或那样的联系。走在圣彼得堡的大街上，你会不由自主地联想到果戈理的《彼得堡故事》中的“小人物”，普希金笔下的奥涅金，陀思妥耶夫斯基的《白夜》中忧伤的男女，以及托尔斯泰小说中的那些贵族主人公们。圣彼得堡更是俄国诗歌的圣地，且不论普希金一代的生活和创作，单就白银时代的俄国诗歌而言，所谓的“彼得堡传统”就已经构成了世界诗歌中一个不朽的现象。任何一个圣彼得堡人，都会感觉到文学和诗歌的存在，同样，一个天生的诗人若是生在圣彼得堡，那就越发地有福了。

1940年5月24日，诗人约瑟夫·布罗茨基就诞生在这座诗歌的城市里。

在布罗茨基出生的时候，他的故乡城还叫作“列宁格勒”。这个历史不长的城市，在三百多年间曾数易其名：1914年，在第一次世界大战期间，为表示对交战国德国的仇恨，带有德国味道的城名“彼得堡”就被具有斯拉夫意味的“彼得格勒”取代了；1924年，为纪念十月革命的领袖列宁，该城被改名为“列宁格勒”；1991年，苏联解体之后，这座北方都城又恢复了它“圣彼得堡”的本名。布罗茨基出生在1940年，在他刚满一岁的时候，列宁格勒城遭遇了一场大劫难。1941年7月，纳粹德国的军队攻到列宁格勒城下，包围了整座城市，但英勇的列宁格勒军民拼死抵抗，坚持了整整三个年头，长达九百天的“列宁格勒围困战”构成人类战争史上一个可歌可泣的壮举。布罗茨基一岁多的时候，曾随母亲撤出被困的列宁格勒，但他的婴儿时期仍一直伴随着轰炸、饥饿、寒冷和恐惧，他幼小的生命得以保全，用他自己的话来说，“真算是幸运”。

布罗茨基曾称圣彼得堡为“地球上最漂亮的城市”，青少年时期，布罗茨基在近乎疯狂地阅读各种文学名著之余，常独自漫步在涅瓦河边，徜徉在这座城市众多的建筑杰作和深厚的文化积淀之间。他后来在一篇自传性的文章中深情地回忆道：

> 我得说，从这些建筑立面和门廊——这些古典的、现代的、折衷的、带有雕着神话动物和人物头像之圆柱的立面和门廊，从立面和门廊上支撑着阳台的装饰和女像，从立面和门廊入口处的壁龛中的石像躯体，我学到的关于世界历史的知识，比我后来从任何书本上得到的知识都要多。希腊、罗马、埃及——那儿什么都有，它们都在轰炸中遭到了炮弹的砍削。此外，从那条朦胧的、闪亮的、流向波罗的海的河，从那条偶尔有拖轮在其中的激流里逆水而行的河，我学到的关于无穷和斯多噶主义的知识，比我从数学家和季诺那儿学到的还要多。

布罗茨基曾称彼得堡为“俄国诗歌的摇篮”，这座城市同样也是他诗歌创作的“摇篮”。布罗茨基从涅瓦河畔的“诗歌摇篮”中走了出来，半个世纪之后，他反过来又为他的故乡城新添了一份珍贵的诗歌财产。

第二章
在一间半房子里

1986年，布罗茨基在美国出版了一部散文集，书名叫《小于一》，其中的文章是布罗茨基用英语写作的，或是他自己对其俄语文章的英译。这部散文集出版后不久，布罗茨基就获得了诺贝尔文学奖，而布罗茨基通过此书所显示出来的英文功底，也让英语世界的读者们大吃一惊。于是，《小于一》立即成为一个很抢手的阅读对象，还获得了当年的全美图书评论奖，布罗茨基的声誉也借此超越了诗歌圈子。集子中所收的十八篇文章，或是布罗茨基对其他诗人的评论，或是他的讲稿和演说稿，而在内容上显得与其他文章有所不同的，就是《小于一》和《在一间半房子里》，因为这两篇文章都是布罗茨基关于自己早年生活的回忆录。《小于一》的篇幅为三十页，《在一间半房子里》为五十多页，两篇文章合起来，也只占全书的六分之一多一点儿，但是，作者却别出心裁地将这两篇文章分置于该书的开头和结尾，他显然是在暗示我们，文集《小于一》就是他的一部“完整的”自传。无怪乎一位芬兰导演在读了这两篇文章之后，竟决定以布罗茨基的早年经历为题材拍摄一部故事影片。

《在一间半房子里》写于1985年。此前不久，布罗茨基的父母相继去世了，离家十余年的布罗茨基到底也没能赶回老家为父母送终，而父母也一直没有获得出国探望儿子的许可。于是，满怀哀思甚至内疚的布罗茨基，便只能在这篇祭文式的回忆录中重温儿时的生活了。他动情地写道：“如今，我的母亲和父亲都已经去世了。我站在大西洋岸边，一望无际的海水将我和我那两位还健在的姨妈及她们的儿子隔离了开来：这是一个真实的鸿沟，它大到足以消弭死亡。”就是用这样的温情叙述，布罗茨基将我们带回了列宁格勒彼斯捷尔街二十七号楼二层上的那“一间半房子”。

这栋六层高的大楼坐落在彼斯捷尔街和铸造街的交汇处，是一幢摩尔风格的建筑，建于1903年，曾是彼得堡的著名建筑。据阿赫马托娃对布罗茨基说，在这座楼落成的时候，她曾被带到现场去看热闹。这座楼也是彼得堡的文学名胜，因为勃洛克曾在附近居住，而布罗茨基一家后来居住其中的门牌号为二十八的那套住宅，就是著名的俄国作家和诗人梅列日科夫斯基和吉比乌斯夫妇的故居！十月革命后，这幢楼房里的住宅被“公有化”了，然后分给无产者，不过，“居住标准”大大降低了，一套住宅往往被隔成好几处，供若干个家庭合住。在吉比乌斯的故居里，就住进了包括布罗茨基一家在内的四户共十一个人，大家共用同一个厨房、厕所和浴室。布罗茨基的家其实也就是一个大约四十平方米的房间，在房间里又用书架等物为布罗茨基隔出了“半间房”，面积只有十平方米，其中还设有父亲冲洗照片用的暗房。布罗茨基一家并不是革命后这套房子的首批居民，布罗茨基的父母在结婚之前各有一处单间住房，婚后，为了能住到一起，他们就用两处房子换得了这“一间半房子”。从 1940 年出生到 1972 年流亡境外，布罗茨基在这套房子里生活了三十二年。

布罗茨基的父亲亚历山大·布罗茨基于 1903 年出生在彼得堡一个画店老板的家庭里，后来先后在列宁格勒大学地理系和红色新闻学院学习，毕业后加入苏联海军，参加过卫国战争，曾到过芬兰和中国、黑海和巴伦支海等地，战后在列宁格勒的海军博物馆摄影部工作。由于他是犹太人，又一直没有入党，1950 年，他被迫退伍，后来在列宁格勒港的一份小报担任摄影记者。布罗茨基的母亲玛丽娅·沃尔珀特是拉脱维亚人，她的父亲也是商人，卖的是“胜家”牌缝纫机。她的童年是在深受德国影响的拉脱维亚度过的，因而德语很好，战后，她曾在关押德国人的战俘营中担任翻译，后来一直在市政发展委员会当办事员。

布罗茨基的三口之家，是列宁格勒一个普普通通的家庭，却又是一个和睦、温馨的家庭。布罗茨基清楚地记得，母亲怎样辛勤地在家里操劳，洗衣、做饭、擦地板。布罗茨基小时候穿的外套，常常是母亲用父亲的旧军装改制出来的；在父亲退伍后没有马上找到工作时，是母亲用微薄的薪水支撑了整个家庭；布罗茨基稍大一些，又是母亲建议他去市图书馆办理了第一张借书证。如今，甚至连母亲的斥责也使布罗茨基感到亲切，他在文中喟叹：“如今我再也听不到这样的声音了。”

对于父亲，少年布罗茨基似乎充满了更多的崇敬，他一直在为有一个漂游世界的海军军官的父亲而骄傲，十四岁的时候，他还报考了舰艇学院，不过由于民族问题最终没被录取。布罗茨基家的位置在市中心，离冬宫、夏园和普希金故居所在的喷泉街都不远，小布罗茨基每天放学之后，都要先到父亲工作的海军博物馆去，然后父子俩再一起回家，沿着涅瓦河畔美丽的街道，在暮色中手拉着手不慌不忙地走着。就是在这样的漫步中，父亲指点着一座又一座建筑，仔细地叙述着它们的风格和历史，把自己关于故乡城的认识和情感都传给了儿子。父亲每年在儿子生日的那一天，都要在阳台上为儿子拍一张照片，为的是留下儿子的成长记录。布罗茨基记得，父亲每天晚上都会半躺在椅子上读报。1984 年，孤身一人的父亲就以这样的姿势死在家里，直到第二天才被邻居发现。而小他一岁的妻子，却比他早一年离开了人世。没能在父母去世的时候守候在他们的身边，没能听到他们临终的话语，这成了布罗茨基心中永远的痛。对父母的思念甚至使他产生出幻觉，觉得他美国居所后院里的两只乌鸦，就是父母灵魂的化身。在这篇回忆录中，布罗茨基用两个完整的小节（第十六节和第四十节）描写了那“上了年纪的一对儿”：

在我海德雷住处的后院里，有两只乌鸦。这两只乌鸦很大，近乎渡鸦，我每次开车离家或回来的时候，首先看到的就是它们。它俩不是同时出现的：第一只出现在两年之前，在我母亲去世的时候；第二只是去年出现的，当时我的父亲刚刚去世。也许，是父母的去世才使我注意到了它们的出现。如今，它俩总是一起露面，又一同飞去，而且，作为乌鸦来说，它俩是过于安静了。我试图不去看它们；至少，我试图不去盯着它们看。然而，我还是注意到了，它们喜欢待在那片小松林里，小松林从我们后院的尽头开始，向下绵延四分之一英里，接上一片草地，草地的边缘有一道小涧，涧边是两块巨大的卵石。我从此再也没到那边去过，因为我害怕撞见那两只乌鸦，它们正站在两块卵石上，在阳光下打着瞌睡。我也没有试图去寻找它们的巢。它们是黑色的，但是我发现，它们翅膀内侧的毛色是湿灰色的。只有在下雨的时候，我才会看不到它们的身影。

同样，这两只乌鸦也变得有些胆大了。如今，它们会落到我的门廊上，在门廊前那堆旧木柴上走来走去。它们浑身漆黑，尽管我竭力避免去看它们，可我还是发现，它俩的大小有些不一。其中的一只比另一只要小一些，就像我母亲比我父亲矮了一头那样；不过，它俩的喙还是完全一样的。我不是一个鸟类学家，但是我相信，乌鸦能活得很久，至少渡鸦是很长寿的。虽然我无法断定它们的年纪，可它们看上去像是上了年纪的一对儿。它俩是在郊游。我既不能赶它们走，又无法与它们进行任何形式的交流。我似乎也想了起来，乌鸦并不是候鸟。如果说神话的起源是恐怖的、孤立的，那我也就是孤立的。我不知道，如今有多少事情能让我回忆起我的父母。这就是说，有这样的来访者陪伴，谁又需要一份好的记忆呢？

这样的文字读来让人感动，使人心酸。由怀旧和负疚、追思和悼念交织而成的这篇回忆录，不仅使读者看到了幼年的布罗茨基，也使布罗茨基自己再次目睹了父母的音容笑貌，在写作的过程中，布罗茨基无疑实现了与父母的相见：

我怎么可能在这个场景中看到我自己呢？然而我看到了，那个场景中的我与父母同样地清晰。我再说一遍，这并不是一种对我的青春、对那个故国的怀旧。不是的，这更像是，他们如今已经去世了，可我所看到的他们的生活却一如从前，而且他们的生活就包含着我。同样，他们也会回忆起我来，除非他们此刻得到了上帝的赐予，亲眼看到我放学回来后正坐在那套房子的厨房里，或是看到我正在用他们不懂的语言写着这些文字。为了能见到我、见到美国，这是他们的唯一选择。对于我来说，这也是我能见到他们、见到我家那个房间的唯一途径。

如今，在彼得堡，布罗茨基家的那“一间半房子”已经被腾空，一批爱戴布罗茨基及其诗歌的人士，开始在那里筹建布罗茨基故居博物馆。他们在互联网上公布信息说，他们已经买下了房子，并找回布罗茨基流亡时留下的藏书、布罗茨基当时读书和写作用的写字桌，他们还征集到了布罗茨基的许多手稿和照片，以及布罗茨基著作的各种版本和关于布罗茨基的各种研究著作。人们相信，随着布罗茨基博物馆的建立，布罗茨基将真正地返回彼得堡，彼得堡从此又将多出一处诗歌的圣地。

第三章
小于一

与温情、怀旧的《在一间半房子里》不同，作者在此前近十年写作的另一篇带有回忆录性质的《小于一》，则显得桀骜不驯，甚至激愤，其内容是主人公个性意识的觉醒过程。文章分为两个部分，分别记叙了主人公的退学和他在工厂里的劳动，也就是布罗茨基童年和青年时期的生活。作者在文中不无伤感地写道："就某种意义而言，童年之类的东西也从未有过。童年、青年和成年这样的范畴让我感到奇怪，如果说，我在交谈中也偶尔使用过这些词，我内心清楚我不过是在借用。"

卫国战争结束后的第二年，布罗茨基走进了学校。一次，在学校的图书馆里，七岁的布罗茨基遇到这样一件事，他被要求填写一份借书申请表，该表的第五栏是“民族”。布罗茨基的父亲是犹太人，布罗茨基当时虽然清楚地知道自己的民族，却对图书管理员说他不清楚怎样填，图书管理员建议他回家去问一问。后来，布罗茨基就再也没回到那间图书馆去。布罗茨基清楚地记得他的这个“谎言”，他还写道：“个人意识的真实历史，往往就始自他撒的第一个谎”，而“我撒的第一个谎是与我的出身有关系的”。和他后来的流放、流亡的经历一样，布罗茨基的犹太人身份也是一种既给他造成了磨难也给他带来了机遇的命运因素。如果布罗茨基不是犹太人，他后来能否在美国受到如此之多的关照，这姑且不论，但至少在他童年的时候，对自己“另类”身份的过早觉察，使他敏锐地感受到了来自周围环境的压迫感，同时也使他最终养成了面对社会和生活的怀疑精神和叛逆性格，而在他早年所处的那个时代，文学和诗歌又不失为一种最佳的抗议方式，于是，他最终选择了在孤独和沉思中诉诸诗歌，诉诸写作的生活方式。

后来，正在读八年级的布罗茨基终于做出了一个大胆的决定：退学。他对他的退学做了这样的描述：

> 抛开世界的命运不论，一个男孩同迫近的命运进行斗争的唯一方式，就是脱离轨道。这件事做起来很难，既是因为你的父母，也是因为你自己，你会因前途未卜而畏惧。更重要的是，这将使你与多数人产生差异，而你从吃

母奶的时候就懂得，多数人总是正确的。这样做需要豁得出去，而我正是这样。于是，我便在十五岁退了学，这与其说是一个有意识的选择，不如说是一次勇敢的反抗。我只是难以忍受班上那些特定的面孔——有些是同学的，但更多是老师的。因此，在一个冬天的早晨，并无明显的原因，我在一节课的半中间站起身来，走出学校的大门，完成了我闹剧般的退场，我当时清楚地知道，我再也不会回来了。那一时刻支配着我的情感的，我记得，仅仅是由于自己老是长不大、老是受身边一切所控制而生出的厌恶感。另外，还有那种由于逃跑、由于洒满阳光的一眼望不到头的大街所勾起的朦胧却幸福的感觉。

在布罗茨基退学前后，他的父亲也被迫离开了部队，据布罗茨基说是由于民族出身问题。退学之后，为了减轻家庭的负担，同时也为了寻找一种更为自由的生活方式，布罗茨基进了一家工厂。这是一家兵工厂，是制造大炮的，工厂没有名称，只有一个代号叫“671信箱”，布罗茨基在厂里当铣工。在《小于一》中，布罗茨基特意让一段充满诗意的语言与他当时并无诗意的上班生活构成了一种对比：

这一切看上去像是荒诞的，在那些清晨，我用几口淡茶将早餐冲进肚子，跑去赶街车，将我这枚浆果添加在街车踏板上那深灰色的人的葡萄串上，驶过粉色、蓝色、水彩画般的城市，来到我的工厂那间狗窝式的木头门房。两个门卫在检查我们的徽章，工厂大门的正面有几个古典式装饰壁柱。我注意到，监狱、精神病院和劳改营的大门也都是这个样式：它们都具有一种古典式柱廊或巴洛克式柱廊的意味。的确是一个回声。在我的车间里，不同层次的灰色在顶棚下面交织在一起，地面上，一汪汪机油泛着彩虹般的色彩，在这一汪汪的机油之间，充气管发出轻微的嘶嘶声。十点的时候，这片金属丛林便充满了震动和轰鸣，将被制成高射炮筒的钢管吊在空中，就像是长颈鹿脱了臼的脖子。

然而，在这家工厂里的工作，似乎并未在布罗茨基的内心里培养起集体主义的精神和“无产阶级”的意识，反而使他感觉到了无意义的生活所带来的巨大恐惧，体验到了机器和那像机器一样运转的体制给人的强大压力。很快，布罗茨基又一次主动地、有意识地改变了自己的生活，在那家工厂旁边有一所医院，布罗茨基自幼就有当医生的愿望，因此，那所医院便成了他的一个新的生活目标。然而，专业知识的缺乏使他无法拿起听诊器和手术刀，而只能到太平间去当一名守尸人，并顺带为死人整容。

与医院相邻的，是一座监狱。“我在工厂工作时，可以看到墙外的医院。当我在医院里切开、缝合尸体时，我又可以看到在十字监狱的庭院中放风时出来散步的犯人。有时，犯人们会设法把信扔到墙外，我就会去把信捡起来，并邮寄出去。由于这种毗邻的地理位置，由于躯壳的封闭性，所有这些地点，犯人、工人、卫兵和医生等等，都相互混淆了，以至于我此时还弄不清，是我在回忆那在十字监狱的熨斗形院子中来回散步的人，还是我本人就在那儿散步。此外，那家工厂和那座监狱又大致建于同一时代，就外表而言它们没什么区别；看上去，它们各自都像是对方的一个翅膀。”不过，布罗茨基当时大约还没有想到，后来他果然走进了监狱。

此后，布罗茨基浪迹于“人世间”，干过十几种工作，从司炉到实验室的工人，从搬运工到勘察队员。他在勘察队工作的时候，几乎走遍了苏联各地。在浪迹天涯、遍尝人生的酸甜苦辣的同时，布罗茨基爱上了诗歌。尽管他的诗作很少有机会发表，只以手抄本的形式在地下流传，但对俄国和外国诗歌大师的深入阅读（据说，他在两年的时间里“读完了”俄国所有大诗人的作品；为了从原文阅读他所喜爱的弗罗斯特、米沃什等人的作品，他又在极短的时间里掌握了英语和波兰语），与一些诗歌爱好者的相处，尤其是后来与俄国诗歌大师阿赫马托娃的接近，使他意识到，诗歌是投向他生活的一束灿烂的阳光，诗歌成了他生命的全部意义所在。但是，诗歌同时也成了他后半生动荡生活的导火线。

在《小于一》中，布罗茨基写道：“一个人也许是小于‘一’的。”他也许是在暗示，一个人永远也无法完整地展示出自我，或者：一个人永远也无法完整地体验自己的内心世界。换一个角度，我们却以为，一个人，当他具有了空前丰富的经历和体验，并将这样的体验幻化为审美的对象和诗歌的结晶时，他也是有可能大于“一”的。布罗茨基自“小于一”开始，逐渐丰满为一个显赫的诗歌象征，在20世纪世界诗歌的历史中留下了高大的身影。

第四章

幸福的冬天

俄国的文化人既喜欢群居，又喜欢自然，于是，都市近郊某个幽雅别致的别墅区往往就成了整个民族的文化中心。莫斯科郊外的佩列捷尔基诺和彼得堡郊外的科马罗沃，就是这样的“文化陪都”。阿赫马托娃晚年就常住在科马罗沃。

作为俄国白银时代诗歌最后的旗手，晚年的阿赫马托娃身边聚集着众多的崇拜者和求教者。她在科马罗沃那间被她称为“棚子”的小别墅，成了青年诗人们心目中的圣地。在这些诗歌爱好者中，她最器重的有四位：莱茵、奈曼、博贝舍夫和布罗茨基。阿赫马托娃亲切地称这几位年轻的诗歌爱好者为“孩子们”。她曾在日记中写道：“这些孩子，纪念册，关于新作品的问题，——这就是荣光。”还有一次，阿赫马托娃曾叹息着将这几个年轻人称为“可怜的孤儿”。对于莱茵等人来说，失去了公开、自然地接受诗歌遗产的机会，他们在某种意义上的确是“诗歌的孤儿”，但是，他们却幸运地遇到了阿赫马托娃这位“诗歌的养母”。“孩子们”经常围坐在她的周围，聆听她关于诗歌的教诲；而阿赫马托娃也希望通过他们来延续自己的诗歌思想和诗歌艺术，将行将熄灭的白银时代的诗歌薪火传递下去。

莱茵、奈曼和博贝舍夫当时都是列宁格勒工学院的学生，但他们却对文学产生了难以割舍的兴趣，后来，三人小组又吸引来了布罗茨基。在“孩子们”中间，阿赫马托娃似乎又最看重年纪最轻的布罗茨基。1965 年，阿赫马托娃在伦敦与友人交谈时，就曾认为布罗茨基是俄国青年诗人中出色的一位，是一位“虽不受赏识，却极有分量的诗人”。1963 年，阿赫马托娃在《新世界》杂志第一期上发表了一组诗，其中的《最后的玫瑰》一诗，就引用了布罗茨基的一句诗“你将斜对面地书写我们……”作为题词，并标明了“И.Б.”（俄文“约瑟夫·布罗茨基”的缩写）的字样。同一组诗中，还有这样一首直接写给布罗茨基的无题四行诗：

我已不再会为自己哭泣，
但是别让我在大地上目睹，
失败的金黄色的印记
烙上那尚且平静的额头。

据莱茵回忆，是他将布罗茨基带到阿赫马托娃家里去的，时间是1961年8月7日，此后，布罗茨基不断地去拜访阿赫马托娃。后来，布罗茨基以“幸福之冬的歌”为题写了一首诗，将他与阿赫马托娃密切往来的1962年至1963年之交的时光称为他诗歌生涯中的“幸福的冬天”。

奈曼在他的《阿赫马托娃的故事》一书中记载了这样一个细节：1964年秋季的一天，阿赫马托娃正和奈曼一起坐在科马罗沃道路旁的长椅上谈话，这时，一个骑自行车路过的邮递员停下车来，向奈曼问道：“您就是布罗茨基？”待邮递员走后，阿赫马托娃对奈曼说：“他很想见到阿赫马托娃和布罗茨基坐在一起，这样会更对称一些。”阿赫马托娃说的是一句意味深长的“玩笑话”，在这对年龄相差五十多岁的导师和学生之间，的确存在着一种“对称”关系：在不同的历史时期，他们有过相同的经历；在他们命运的天平上，码放着同等的苦难。

对阿赫马托娃，布罗茨基一直怀有深深的敬意。阿赫马托娃最终未能看到她的学生走上国际诗坛，但她的教诲却给了布罗茨基以巨大的影响。1989年，在阿赫马托娃诞辰一百周年的时候，布罗茨基献上了这首《阿赫马托娃百年祭》：

书页和烈焰，麦粒和磨盘，
锐利的斧和斩断的发，——上帝
留存一切；更留存他视为其声的
宽恕的言辞和爱的话语。

那词语中，脉搏在撕扯，骨骼在爆裂，
还有铁锹的敲击；低沉而均匀，
生命仅一次，所以死者的话语更清晰，
胜过普盖的厚絮下这片含混的声音。

伟大的灵魂啊，你找到了那词语，
一个跨越海洋的鞠躬，向你，
也向那熟睡在故土的易腐的部分，
是你让聋哑的宇宙有了听说的能力。

在这首诗里，布罗茨基排列出一系列的对比："书页和烈焰"，"麦粒和磨盘"，"利斧"和"断发"，这是诗和现实之冲突的象征，也是他们个人命运的写照，因而，阿赫马托娃的诗中才会充满着"脉搏"的"撕扯"、"骨骼"的"爆裂"和"铁锹的敲击"。但是，这由苦难升华而成的声音，是更为清晰的"宽恕的言辞"和"爱的话语"，这声音将为上帝所保存，"聋哑的宇宙"将因此得到"听说的能力"。这里的"上帝留存一切"一句，也引自阿赫马托娃的《没有主人公的叙事诗》，而阿赫马托娃又是从她在皇村所居住过的喷泉宫立面雕塑上引来这句拉丁文铭文的。布罗茨基隔着海洋向阿赫马托娃深深地鞠了一躬，这个身体的弧线，就像一座连接两个诗歌生命的拱桥，又像是一道由充满苦难的生命历程升华而成的斑斓的诗的彩虹。

1982年，布罗茨基又用英文写作了《哀泣的缪斯》一文，对阿赫马托娃的创作进行了全面的评述。布罗茨基将阿赫马托娃称为“哀泣的缪斯”，并认为强烈的悲剧感和“崇高与节制”的主观态度，是阿赫马托娃诗歌创作的主要特征。在这篇文章的最后，布罗茨基写道：

> 在历史的特定阶段上，只有诗歌可以诉诸现实，将现实浓缩为某种可以触摸到的东西，某种若非如此便难以为心灵所保持的东西。正是在这一意义上，整个民族举起了阿赫马托娃这一笔名，这体现出了她的影响面，更为重要的是，这使她能够为整个民族说话，并将民族尚不清楚的东西告诉给民族。实质上，她是一位人类纽带的诗人：被珍爱，被拉紧，被截断。她如实地展示了这些过程，首先通过她个人心灵的棱镜，然后再通过历史的棱镜。这或许便是光学对于人的全部用途。
>
> 这两幅透视图通过诗律学聚集在一个尖尖的焦点上，而诗律就是语言中的时间容器。顺便说一句，她的宽容也来源于此，因为，宽容不是教义造就的美，而是时间的财产，无论是就时间之尘世的意义或玄秘的意义而言。也正因为如此，她的诗歌无论发表与否均留存了下来：这是因为诗律，这是因为她的诗歌负载了那两种意义上的时间。她的诗歌将留存下去，因为语言比国家更古老，因为诗律总能比历史更久地留存。事实上，诗歌很少需要历史，它需要的只是一位诗人，而阿赫马托娃正是这样一位诗人。

布罗茨基无疑是阿赫马托娃最优秀的继承者，但是，若将他们两人的诗作摆在一起，可以发现无论是在词汇和句式上，还是在语气和意境上，它们都有很大的不同，因此，有人甚至认为，布罗茨基作为阿赫马托娃的学生在诗歌的风格上几乎没有受到阿赫马托娃多少影响。然而，如果将两人的诗歌做一个整体的对照，我们恰恰可以感觉到一种总体风格上的吻合，那就是诗的字里行间所浸透的浓重的悲剧意味。布罗茨基的诗是苦难的结晶。面对孤独和死亡的恐惧，布罗茨基在诗中找到了避难所，并通过对恐惧的体味、把握和超越，达到了美学上的崇高。只不过他抵达崇高的途径，他的情感节制方式与阿赫马托娃有所不同。阿赫马托娃的节制，在诗体上的表现是简洁和严谨，在主观形态上的表现是忏悔和宽宏；而布罗茨基的表现则分别是绵密和雕琢，怀疑和冷静。在这对诗歌师徒之间，某种内在精神上的呼应构成了更高意义上的继承关系。

诗人是天生的，没有人能“学会”写诗，但是，在特定的时间和空间，某位大诗人对年轻诗人的影响力却有可能是决定性的，在诗歌史上也总能梳理出某种清晰的继承关系。布罗茨基和阿赫马托娃之间的这段诗坛佳话，让我们又一次感受到了诗歌传统的巨大力量。

第五章

大哀歌

1963 年，这是布罗茨基诗歌创作中非常重要的一个年头，因为在这一年，他写出了《献给约翰·邓恩的大哀歌》。

约翰·邓恩（又译多恩，1572—1631）是英国 17 世纪的一位诗人，他曾是伦敦圣保罗大教堂的教长，同时也是一位杰出的诗人，著有《长短歌集》和长诗《灵魂的进程》等作品。以他的创作为代表的玄学派诗歌，是 17 世纪英国文学中一个重要的文学流派。该派诗人并没有组成过一个文学团体，是他们诗歌风格上的某些相近之处，才使得当时及后代的批评家们将他们归为一个派别。玄学派诗人注重“奇想”，善于用哲理思辨的方式来写诗，把一些截然不同的意象结合在一起，从外表绝不相似的事物中发现隐在的相似，他们的诗作深奥、严谨，主题大多是信仰上的疑虑和探求，生活中的苦闷和思索。玄学派诗歌在文学史中的地位原本不高，只是到了以艾略特为代表的英美“新批评”兴起之后，玄学派诗人才得到了广泛的推崇。

可以说，在布罗茨基之前，英国玄学派在苏联也是默默无闻的。布罗茨基在对英语诗歌的广泛阅读中，敏锐地发现了非常符合其诗歌趣味的邓恩等人的诗歌，他曾动手翻译过玄学派诗人的诗作，后因故未能出版，但与邓恩等人的“神交”，却促使年轻的布罗茨基写下了他的这首成名之作。

《献给约翰·邓恩的大哀歌》全诗共二百零八行，这里是该诗的头、尾两个部分：

约翰·邓恩睡了，周围的一切睡了。
睡了，墙壁，地板，画像，床铺，
睡了，桌子，地毯，门闩，门钩，
整个衣柜，碗橱，窗帘，蜡烛。
一切都睡了。水罐，茶杯，脸盆，
面包，面包刀，瓷器，水晶器皿，餐具，
壁灯，床单，立柜，玻璃，时钟，
楼梯的台阶，门。夜无处不在。
无处不在的夜：在角落，在眼睛，在床铺，
在纸张间，在桌上，在欲吐的话语，
在话语的措辞，在木柴，在火钳，

在冰冷壁炉中的煤块，在每一件东西里。
在上衣，在皮鞋，在棉袜，在暗影，
在镜子后面，在床上，在椅背，
又是在脸盆，在十字架，在被褥，
在门口的扫帚，在拖鞋。一切在熟睡。
熟睡着一切。窗户。窗户上的落雪。
邻居屋顶白色的斜面。屋脊
像台布。被窗框致命地切割，
整个街区都睡在梦里。睡了，
拱顶，墙壁，窗户，一切
铺路的卵石和木块，栅栏，花坛。
没有光在闪亮，没有车轮在响动……
围墙，雕饰，铁链，石墩。
睡了，房门，门环，门把手，门钩，
门锁，门闩，门钥匙，锁栓。
四周寂静，不闻絮语、悄音和敲击声。
只有雪在细语。一切在熟睡。黎明尚远。
睡了，监狱，要塞。鱼铺的
磅秤在睡。肉铺的猪肉在睡。
正房，后院。拴着的公狗在睡，
地窖里的母猫在睡，耳朵耸立。
鼠类在睡，人类在睡。伦敦在酣睡。
港湾的帆船在睡。船体下
落了雪的海水在梦里呓语，

与熟睡的天空在远处融为一体。
约翰·邓恩睡了。海与他睡在一起。

…………

像一只鸟，他睡在自己的巢里，
自己纯净的道路和美好生活的渴望
都永远地托付给了那颗星星，
那星星正被乌云遮挡。
像一只鸟，他的灵魂纯净、
世俗的道路虽然也许有罪，
却比筑在一堆空巢之上的
乌鸦窝更符合自然的逻辑。
像一只鸟，他将在白天醒来。
此刻他却在白床单下安睡，
用梦境用白雪缝制的空间，
隔离着灵魂和熟睡的肉体。
一切都睡了。但有三两句诗
在等待结尾，它们龇牙咧嘴，
说世俗之爱只是歌手的义务，
说精神之爱才是神父的情欲。
无论这水流冲击哪片磨轮，
它在这世上都碾磨同样的食粮：
如果说生命可以与人分享，

那么谁愿意和我们分享死亡？
衣服上有洞。想做的人都在撕扯。
人来自四面八方。去了。再回头。
又撕扯了一把！只有天空
时而在昏暗中拿起裁缝的针。
睡吧，邓恩。睡吧，别折磨自己。
上衣破了，破了。挂起来很是忧伤。
这时你看，有颗星在云层里闪亮，
是她在久久地把你的世界守望。

这首诗与传统的俄语诗歌的确有很大的不同，从选题到写法，从形象到情绪，它在当时都让人耳目一新。从体裁上看，这是一首不是长诗的长诗；从风格上看，这是一部不是史诗的史诗。全诗既肃穆庄严，又哀婉绵密。这是一个生者对死者的访问，是一次历史与现实的交谈，灵魂与肉体的对话。作者从人写到动物，从景物写到生物，从实物写到概念，极力铺陈、渲染。诗中，作者直接使用的名词多达数百个。布罗茨基的好友莱茵有一次在对布罗茨基传授写诗的“秘诀”时曾说道：要尽量少用形容词，尽量多用名词和动词。看来，布罗茨基在写作这首诗时，是不折不扣地贯彻了莱茵的作诗原则。在诗中，“夜”“黑暗”“暗影”等词频繁出现，“睡”和“睡着”两个动词及其变化形式，更是被无所顾忌地分别使用了五十余次和二十余次。这种大手笔的重复，不仅营造出了梦幻的场景，更渲染了一种崇高的氛围。

此诗写成之后，布罗茨基多次在公众场合朗诵此诗，引起了热烈的反响。他的朋友奈曼就曾在回忆录中写到布罗茨基在列宁格勒铁路客运售票处的一次成功的朗诵。后来，此诗在列宁格勒的地下文学刊物上刊出，不久传到国外。由于它是以一位英国诗人为对象的，因而更容易为西方读者所接受。布罗茨基从此在国外获得了一定的声誉，在写作此诗后不久，西方的一家出版社就在他不知情的情况下出版了他的第一部诗集《长短诗集》(1965)。可以说，就是凭借着这首《献给约翰·邓恩的大哀歌》，布罗茨基登上了国际诗坛。

第六章

布罗茨基案件

对诗歌的爱好，使布罗茨基放弃了在地质勘察队的工作，回到列宁格勒专心写作。他不羁的“诗人举止”，他与外国人的来往，他与阿赫马托娃的接近，他在地下刊物上发表作品，所有这一切都引起了有关方面的关注，而这种关注的结果，就是后来那件闹得满城风雨的“布罗茨基案件”。

这一案件的始作俑者是雅科夫·列尔涅尔，这位最终落得一个“布罗茨基迫害者”不光彩名声的人，本是矿山设计院的一位业务主任，但同时也担任“社会侦查员”和“社会公诉人”的角色，在有关方面的授意下，他很早就开始搜集布罗茨基的黑材料。列尔涅尔还是《列宁格勒晚报》的特约编辑，为了先把布罗茨基“搞臭”，他就拉上另外两个人——约宁和梅德韦杰夫，一同在 1963 年 11 月 29 日的《列宁格勒晚报》（第二百八十一期）上发表了一篇署名文章，题为《文学寄生虫》，对二十三岁的青年诗人布罗茨基进行点名批评。文章对诗人布罗茨基“不劳而获”的生活态度进行了指责，并在结尾处呼吁道：“应该停止宠爱那些文学寄生虫们了。对于布罗茨基这样的人，列宁格勒没有其容身之地。”

布罗茨基立即作出反应，给《列宁格勒晚报》主编写了一封长信，逐一批驳《文学寄生虫》一文中的不实之词，并对列尔涅尔的其他一些不良行径进行了揭露。在该信的最后，布罗茨基写道：“主编同志，我过去一贯尊敬、现在也很尊敬报纸。我生长在记者家庭，我知道，报纸上所发表的材料都经过详细的审查，陈旧的事件永远也不会被当作最新的新闻。我知道，报纸的语言就是真理，我还知道，您毕竟不会容忍报纸上出现这样的错误和不实之处。”不过，布罗茨基的这封信并未被刊登出来，也没有得到回复，这也说明，对布罗茨基的迫害是有预谋、有组织的，主编之类的人也未必有干预的胆量或能力。

1964 年 2 月的一天，走在大街上的布罗茨基突然被塞进一辆汽车，带到了警察局。2 月 18 日，布罗茨基在捷尔任斯基区民事法庭受到审讯，主审法官是萨维里耶娃，她和布罗茨基进行了这样一番“对话”：

法官：您从事什么工作？

布罗茨基：我写诗。我翻译。我认为……

法官：不要说“我认为”。站好了！不要靠墙！看着法庭！好好回答法官的提问！（指着本记录者）现在停止记录！否则我会将您逐出审判庭！（指着布罗茨基）您有没有固定的工作？

布罗茨基：我想，这就是我的固定工作。

法官：准确地回答！

布罗茨基：我写过诗。我想，它们会得到发表的。我认为……

法官：我们对“我认为”不感兴趣。请回答：您为什么不工作？

布罗茨基：我的工作就是写诗。

法官：我们对这不感兴趣。我们感兴趣的是您曾和哪些机构发生过关系。

布罗茨基：我和出版社签有合同。

法官：那么请回答，您的合同足以让您以此为生吗？请一一指出是哪些合同，在什么日期签的，总额有多少？

布罗茨基：我不能准确地记得。所有合同都在我的律师那里。

法官：我要求您回答。

布罗茨基：莫斯科出版了我所翻译的两本书……（一一列举）

法官：您的工龄？

布罗茨基：大约是……

法官：我们对“大约是”不感兴趣！

布罗茨基：五年。

法官：您在哪儿工作过？

布罗茨基：在工厂。在地质勘察队……

法官：您在工厂里工作了多长时间？

布罗茨基：一年。

法官：干什么工作？

布罗茨基：铣工。

法官：您大致的专业是什么？

布罗茨基：诗人。诗人兼翻译家。

法官：谁承认您是诗人的？谁把您列为诗人了？

布罗茨基：没有人。（没有被要求就说话）那谁把我列为人类了？

法官：您学的就是这个吗？

布罗茨基：什么？

法官：想要成为诗人？您没有上过大学，没有在那里接受培养……在那里接受教育……

布罗茨基：我不认为……我不认为教育能教会人写诗。

法官：那由谁来教呢？

布罗茨基：我想……是上帝……

面对辩护人提供的有关证据以及有力辩护，面对许多旁听者的愤怒，女法官在休庭之后宣布了她的决定：“送被审讯者去接受法医心理鉴定，以确定布罗茨基是否患有某种心理疾病，该疾病是否有碍于将布罗茨基送到边远地区进行强制劳动。将材料退回警察局，以便对他的收入进行补充调查。鉴于布罗茨基病史明显，而他又拒绝住院治疗，建议第十八警察分局送他去做法医心理鉴定。”

法医鉴定结果很快就出来了：“具有性格上的精神变态特征，但不严重。因此，可以对其采用行政程序的方法。”于是，在 3 月 13 日，对布罗茨基进行了第二次审讯。这次审讯实际上是一次公判大会，审判在一所大礼堂进行，法庭上方悬挂着“不劳而获者布罗茨基审判大会”的横幅。布罗茨基被迫和那位女法官又进行了一次交锋：

法官：公民布罗茨基，从 1956 年起您换了十三个工作地点。您在工厂工作过一年，然后又有半年不曾工作。夏天在地质勘察队工作，然后又有四个月不工作……（一一列举工作地点和随后的休息时间。）请向法庭说明一下：为什么您在休息期间不工作，并且过着寄生虫的生活？

布罗茨基：在休息期间我工作。我从事我现在所从事的工作——我写诗。

法官：这就是说，您在写您所谓的诗歌啰？

布罗茨基：我十五岁就开始工作了。我对一切都感兴趣。更换工作是因为我想尽可能多地了解生活和人。

法官：那您做过什么有益于祖国的事吗？

布罗茨基：我写诗，这就是我的工作。我坚信……我相信，我所写的东西能为人们服务，而且不光是对现在，还有益于将来的一代人。

人群中的声音：好像真是了不起似的！自以为是！

另一个声音：他是诗人。他就应该这么认为。

法官：就是说，您认为，您那些所谓的诗歌会给人们带来好处？

布罗茨基：您为什么在说到诗歌时要用“所谓的”呢？

法官：我们把您的诗歌称作“所谓的”，是因为对于它们我们没有别的理解。

…………

法官：布罗茨基，请更好地向法庭说明，为什么您在休息期间不劳动？

布罗茨基：我劳动啊。我写诗。

法官：但这不妨碍您劳动。

布罗茨基：我的劳动就是写诗。

法官：但是，要知道，在工厂劳动的人也写诗。是什么妨碍您这样做？

布罗茨基：但是要知道，人和人是不一样的。哪怕是头发的颜色，脸上的表情……

法官：这并不是您的发现。这一点我们都很清楚。请好好解释一下，该如何评价您对我们共产主义伟大前进运动的参与呢？

布罗茨基：共产主义的建设，这不仅仅是在一架机床和一具耕犁旁站立的姿势。它还是知识分子的劳动，它……

法官：不要卖弄高雅的漂亮话！最好请回答，对于安排您明天的劳动生活，您是如何想的？

布罗茨基：我想写诗和翻译。但是，如果这与某个被广泛接受的常规相抵触的话，那我就去从事固定的工作，但无论如何我都会写诗。

参加审判会的人，截然地分为两大阵营：一边是支持布罗茨基的，除了辩护律师外，还有彼得堡的一些知识界人士和众多的文学青年；另一边是那些受到特别指派的证人，以及受到舆论影响前来声讨诗人的群众。两派泾渭分明，态度也截然对立，庭审中的两个小插曲很好地体现了这一点：一位听众质问为布罗茨基作证、认为布罗茨基的确是一位诗人的女作家格鲁季宁娜，问她是否亲眼看到过布罗茨基坐在那里写诗，女作家不无愤怒地指出："我没有看到过布罗茨基坐在那里写作。不过，我也没有看到过肖洛霍夫是怎样坐在书桌旁写作的。但这并不意味着……"法官立即打断了女作家的话，说"将布罗茨基和肖洛霍夫做比较是不恰当的"，听众们对此也很认同。殊不知，女作家就像是个预言家，就在那一天，就在那个审判大厅里，第一次将两位后来获得诺贝尔文学奖的俄语作家相提并论了。另一个细节是，在庭审结束时，布罗茨基高傲地说了一句话："我不但不是一个不劳而获的人，反而是一位能为我的祖国增添光彩的诗人。"听了这话，大多数围观者都爆发出一阵哄堂大笑。同样，他们也没有听进女作家格鲁季宁娜那句有力的辩护："不劳而获者和年轻诗人之间的差别就在于，不劳而获者不工作而得食，而年轻诗人勤奋工作却不常得食。"

其实，那些参加审判的"群众"都从来没见过布罗茨基，也没有读过布罗茨基的诗歌，他们的不满和愤怒，无疑都源自那种由官方煽动起来的"阶级感情"和"社会责任感"。对布罗茨基的审判所依据的一个重要法规，就是苏联最高苏维埃主席团于 1961 年 5 月 4 日颁布的一条法令，即《强化与那些逃避社会有益劳动的人和过反社会寄生生活的人的斗争》。但是，正如后来所表明的那样，对布罗茨基的迫害，实际上是国家专政机器的一次例行运转。列宁格勒州委、青年团组织、内务部，甚至列宁格勒作家协会，都程度不同地参与了这次行动，其目的不过是加强意识形态领域的控制，对自由的知识界和文化界再敲响一次警钟。因此，在法庭上，布罗茨基自己的合理陈述，律师的有力辩护，多位文化界名人的书面证明，以及出版社的合同等等，都没有对法官的判决产生任何影响。审判一直持续到深夜，最后的审判结果是：判处不劳而获者布罗茨基五年流放的刑期，流放地是苏联北方的阿尔汉格尔斯克州。

我们现在能够完整、详细地了解到"布罗茨基案件"的审理过程，这还得感谢当时列宁格勒的一位女作家弗丽达·维格多罗娃，她旁听了对布罗茨基的两次审讯，并不顾法官的多次警告，当场记录下了庭审的过程。审判之后不久，她又大胆地将庭审记录投寄给苏联各大文学报刊，但自然没有任何一家报刊敢于发表，于是，庭审记录本身也成了一份地下文学作品，被人们争相阅读。1965年，这份记录在纽约的《空中之路》辑刊第四期上刊出。随后不久，意大利的一个戏剧小组还把这份庭审记录改编成剧本，搬上了舞台。二十三年之后，速记稿才得以在苏联发表，刊登在1988年第四十九期的《星火》杂志上。随后，又有许多人发表了关于“布罗茨基案件”的文章和资料：1988年，由埃特金德撰写的《布罗茨基案件》一书在伦敦出版；1989年，戈尔丁在《涅瓦》杂志第二期上发表了《布罗茨基案件》一文；同年，雅基姆丘克以维格多罗娃的庭审记录为基础，又分别采访了有关的当事人，最后写成《布罗茨基受审记》一文，发表在当年的《青春》杂志第二期上，后来，这篇长文经扩充又出了单行本。

“布罗茨基案件”发生时的20世纪60年代，正是东西方激烈“冷战”的时期，因此，西方媒体对“布罗茨基案件”进行了大肆渲染，使得布罗茨基一时名扬天下，这在客观上也为他后来闯荡西方铺平了道路。但是，仅仅因为写诗就遭到审判，这对于一个刚刚二十多岁的青年来说，毕竟还是一个打击，一场灾难。难怪阿赫马托娃有一次与人谈到布罗茨基的经历时曾发出这样的感叹：“他们给我们这个红头发小伙子制造了怎样的一份传记啊！这经历他似乎是从什么人那儿租用来的。”

第七章
流放北疆

对于布罗茨基的判决很快就生效了，布罗茨基被从列宁格勒流放到苏联北部边疆阿尔汉格尔斯克州科诺沙区的诺伦斯卡雅村。据说，布罗茨基脚穿一双绒布鞋，口袋里只揣着母亲递给他的两个橙子，就被押走了。诺伦斯卡雅是一个只有十几户人家的小村庄，离北极圈很近，周围还是大片的沼泽地带，按照法官等人的设计，布罗茨基就应该在这样一个与世隔绝的环境里从事五年的“强制劳动”。然而，从后来的发展来看，法官等人的这个如意计划却落空了。

首先，被强制从事体力劳动的布罗茨基，在精神生活方面却变得更加丰富，更加深刻了；因写诗而获罪的诗人，却在流放中写出了更多、更好的诗歌作品。诺伦斯卡雅村地处寒带，一年的多半时间都是冰天雪地，并没有多少农活好干，村里人也都很善良，很少为难布罗茨基。过于充裕的时间和空间，使布罗茨基得以仔细地品味人生的甘苦，慢慢地咀嚼自己的诗歌体验。除了几位曾经短暂来访过的朋友，他在流放期间几乎没有任何可以倾诉衷肠的对象，于是，他只能深深地埋首于诗歌。布罗茨基无疑是孤独的、苦闷的，流放的生活无疑是艰辛的，但诗歌却成了他主要的，甚至是唯一的生活方式。很难想象，若没有诗歌，布罗茨基将如何熬过那一个个冰封的黑夜。与官方的迫害形成讽刺的是，布罗茨基不仅没有在流放中放弃诗歌，反而在流放中成长为一位真正的大诗人。《献给奥古斯都的新篇》就是流放期间的诗作，这组诗共十二小节，下面是其中的几节：

一

九月开始在周二。
雨下了整整一个夜晚。
所有的鸟都已飞走，
只有我孤独而又勇敢，
甚至不去目送飞鸟。
寒冷的天穹已被推倒。
雨丝捆紧了黎明。
南方我并不需要。

二

我被活埋在这里，
徘徊在昏暗的茬地上。
我的靴子刨开田地，
（周四在我的头上疯狂，）
被割断的秸秆挺立着，
几乎感觉不到疼痛。
柳树那泛红的末梢，
刺进没有防护的泥沼，
柳枝不住地嘀咕，
同时掀翻了鸟巢。

三

哗里吧唧地走吧。
我并没有加快脚步。
主啊，快熄灭天上
那只有你才熟悉的星火。
冻僵的手掌紧贴大腿，
从山冈走向另一个山冈，
没有记忆，只有声音，
鞋底敲击在石头上。
我俯向黑暗的溪流，
目光充满了惊慌。

四

没什么，就让阴影躺在眼里，
就让潮湿渗透进胡须，
一顶歪戴的鸭舌帽，
在给这个夜晚加冕，
它的倒影构成边界，
连灵魂都难以跨过，
我已不再试图
逾越帽檐、纽扣和衣领，
逾越我的靴子和衣袖。
只有心脏突然跳动，
在寻找我体内的缺孔。
寒冷摇动心脏，灌进胸口。

九

波吕丢克斯。一切汇成一个点。
我的嘴不会吐出呻吟。
我敞开大衣站着，
世界透过筛子流入我的眼睛，
透过不理解的筛子。
我聋了。主啊，我瞎了。
我不闻一字，月亮高悬，
只有二十瓦的亮度。随它去。
我不在星辰和雨滴间铺架天路。

就让森林里的回声
不是歌声，而是咳嗽。

十

九月。夜。蜡烛就是整个社会。
一个暗影却从断根间腾起，
从身后盯着我的诗稿。
弄出一阵哗哗的水声，
你的魂灵在门厅里喧闹，
在猛然打开的门前，
露出了星辰一般的微笑。

十一

我头上的光渐渐隐去。
积水诱惑着足迹。

是的，心儿向你飞去，
因此才越来越远，越来越快。
我的声音也越来越虚假。
但你要视它为命运的欠债，
这命运不需要流血，
却被一枚钝针扎伤。
如果你期待笑容，等一等！
我会笑的。在我的头上

会升起不朽墓室的微笑，
它将比炊烟更轻盈地飘荡。

布罗茨基在诗中描写自己的流放生活，写到自己的愁苦和郁闷，道出了命运重压下的呻吟，但是，透过这幅流放者的自画像，我们还是能够感觉到，孤独中的诗人并没有沉沦，痛苦中的诗人仍保持着节制，更何况，继续写作诗歌这个行为本身，就已经构成了对命运的坚强抗争，而如此好的诗作的存在，就已经论证了精神的不屈以及它对环境的超越。

还有几件事情可以说明流放中的布罗茨基始终没有放弃对诗歌的忠诚。在开始流放生活不久的1964年5月16日，他在给好友谢尔盖耶夫的信中这样写道：“我活得不开心，但我还不太丧气（较之于心理，生理上更少丧气）。近来一直没有工作的可能性，而最近这些日子，由于‘所谓的春播’，还有，仅仅由于暑热和蚊子，这种可能性大约要彻底消失了。这地方……（我觉得，如果我们能够坐在一起干点什么，那就会是天堂一般的生活；哪怕是译勃朗宁！）”作为流放犯人的布罗茨基，仍在试图发出自己的声音，不知他通过什么途径，居然在流放地所在地区一份名叫《号召》的报纸上公开发表了诗作。身处偏僻的北疆，布罗茨基还在精神上与世界诗歌保持着某种联系。1965年1月4日，T.S. 艾略特在英国去世，消息自然很晚才传到布罗茨基那里（一周之后），但布罗茨基在得到消息之后的一昼夜间，就写出了著名的《悼艾略特》

一诗（诗末标明的写作时间为1965年1月12日）。就连《献给奥古斯都的新篇》这组诗的题目，也是出自英语诗歌的“借典”，拜伦曾把他写给妹妹的一首诗题名为《献给奥古斯都的诗篇》，所以才有布罗茨基诗题上的“新”字。

其次，让法官等人始料不及的是，布罗茨基并未服满五年刑期，由于许多文化界人士的多方奔走和呼吁，他只在流放地待了二十个月，然后就又回到了列宁格勒。

布罗茨基的被审判和被流放，在列宁格勒和莫斯科的知识文化界引起了很大反响，许多著名人士不顾个人安危，挺身而出，为一个初出茅庐的诗人鸣不平。楚科夫斯基就给苏联总检察长写了这样一封信：

> 我希望，这个使我们知识界深感到不安的案件能得到公正的解决。我作为一名普通人，曾和西方打过交道，我不能不感到十分痛心的是，在我们的外国朋友眼里，“布罗茨基案件”将给苏联的司法带来巨大的损失。

阿赫马托娃直接给苏共中央写了信，为布罗茨基说话。当时，为布罗茨基说话的作家如此之多，竟使得担任列宁格勒作家协会领导人的老诗人普罗科菲耶夫顿生孤家寡人之感。据说，他有一次曾对另一位诗人特瓦尔多夫斯基抱怨道：就是由于这样一个“不劳而获分子”，全城的作家都有意跟我对着干了。而特瓦尔多夫斯基则回答道：因为你出卖了诗人行会。为布罗茨基说话的还有西方的知识界，法国哲学家和作家萨特就因此发表过抗议声明。

见事情闹得越来越大了，有关方面决定采取一个“变通”的方法，他们要一些老作家出面写一份保证书之类的信，保证将对布罗茨基进行教育，保证他不再有任何违法行为。为了让布罗茨基早日回到列宁格勒，作家们“妥协”地写了这样一份请愿书，其大意是：布罗茨基还年轻，他工作过，当然工作得不够，判决却过分严厉了，因此应该提前结束刑期。在信上签名的就有阿赫马托娃、肖斯塔科维奇、马尔夏克、帕乌斯托夫斯基、楚科夫斯基、格拉宁和维格多罗娃等。应该说，这是一份不彻底的抗议书，要求释放布罗茨基，却又承认他“工作得不够”，不过在当时，恐怕只有这样的请求才有可能达到目的。该信发出后不久，一个三人委员会来到列宁格勒，他们分别来自苏联检察院、最高法院和国家安全委员会，他们把调查结果带回莫斯科，又等待了一段时间，最后的决定终于作出：立即结束布罗茨基的刑期。值得注意的是，这个决定并没有就判决本身发表任何意见，也就是说，并没有为布罗茨基恢复名誉。

1965 年 11 月，布罗茨基终于回到了列宁格勒。不过，他似乎对那份保证书有所耳闻，也心存不快，因为，后来有一次他曾对朋友说，他要是又被关起来，希望大家不要再大张旗鼓地去“救”他了。但不管怎样，当年声援、拯救布罗茨基的行动，还是又一次体现出了俄罗斯文化人的良心和胆识。

诗人和流放，是古今中外诗歌史中一个永恒的话题，从中国的屈原到古罗马的奥维德和意大利的但丁，再到俄国的普希金和莱蒙托夫，许多大诗人都有过被流放的经历。不曾想，在20世纪中叶，布罗茨基居然再次重复了前辈流亡诗人的命运和体验。流放对于任何一位诗人来说都是一场灾难，然而，它对于诗歌来说却往往是“幸事”，被流放过的诗人往往都是杰出的诗人，而诗人在流放中的诗作又往往是他们最优秀的作品。也许，诗人的极端个性更容易与环境产生冲突并因而导致被逐，流放于是就成了诗人注定要经历的命运炼狱；也许，诗人更善于体验和升华人生的苦难，流放的时空对于他们来说也就不再是束缚精神的牢笼了。

流放归来的布罗茨基，俨然成了列宁格勒的大名人。列宁格勒的一位女作家曾给大家讲了这样一个故事：布罗茨基一天晚上去她家，想给她朗诵自己的诗，见她女儿病在床上，就不声不响地走了，过了一会儿，城里最有名的儿科大夫竟找上门来给孩子看病，他说是布罗茨基让他来的，而布罗茨基事前并不认识这位大夫，他只是拿起电话，拨通这位大夫家的号码，然后就直截了当地说道：我是布罗茨基，请您为我去给一个孩子看看病，如此等等。这种“名声”，或许就是对诗人所遭磨难的一种独特补偿。

第八章

爱情

诗人是多情的，而抒情诗又是诗人情感生活的真实记录，因此，爱情往往会成为一位抒情诗人最主要的创作主题之一。布罗茨基也不例外，他当然也有过自己的爱情和爱情诗，但在布罗茨基的生活和创作中，作为主题的“爱情”却显得有些与众不同。

首先，布罗茨基的爱情生活是很神秘的。布罗茨基的一生虽然充满了传奇色彩，但除了“布罗茨基案件”之外，人们对他的私生活却知之甚少，在英美和俄罗斯，至今都还没有一本真正意义上的布罗茨基传记面世。关于他的爱情史，我们所知道的仅仅是：20 世纪 60 年代初，他在列宁格勒恋爱过，恋人是一位名叫玛丽娅·巴斯马诺娃的女画家，1963年，他们的私生子在列宁格勒出生；流亡之后，布罗茨基有过数次恋爱经历，但都没有发展为婚姻；直到生命的晚年，布罗茨基才终于和一位意大利姑娘结婚，并有了女儿安娜。在《我坐在窗前》（1971）一诗中，布罗茨基曾写道："我恋爱时，爱得很深。但不经常。"对于我们，爱情的酸甜苦辣似乎是布罗茨基深藏着的一个秘密。

其次，布罗茨基的爱情诗数量也不多，直接诉诸爱情主题的诗作不过十几首，在布罗茨基诗歌作品中所占的比例是很小的。布罗茨基在20世纪60年代写作的那些标有"致M.B."字样（M.B.是玛丽娅·巴斯马诺娃姓名的俄文缩写）的诗，无疑都属于爱情诗，前文所引的《献给奥古斯都的新篇》，也是"致M.B."的。而在流亡之后，布罗茨基诗歌中的爱情主题就越来越罕见了。

最后，更为独特的，是布罗茨基在爱情诗中所表露出来的情感和态度。布罗茨基对待生活和现实的态度似乎是悲观主义的，存在主义的，他的性格也似乎是孤僻的，甚至是有些刻薄的，这就决定了他的爱情诗大多显得比较冷静，比较矜持，有时还不乏嘲讽、戏谑和调侃的意味。他在1971年2月所写的《爱情》一诗，也许可以算作布罗茨基爱情诗歌的主题之作：

这个夜晚我两次醒来，
走到窗边，窗外的街灯，

一段被截断的梦中话语，
伸向虚无，就像省略号，
无法带给我任何安慰。

我梦见你怀孕了，
虽说你我已别离多年，
我感到负疚，双手
在欢乐地抚摩肚皮，
摸到的却是开关和长裤。

我慢慢地走到窗前，
我明白，把你一人扔下了，
扔在那边的黑暗和梦境里，
你在耐心等待，当我返回，
你也不抱怨这蓄意的休息。

因为，在光亮中断裂的一切，
却可以在黑暗中延续。
我们在黑暗中结成夫妇，
构成一个双脊背的怪物，
孩子们将为我们的赤裸辩护。

在未来的某个夜晚，
疲惫瘦小的你还会出现，

我也会看到儿子或女儿，
孩子暂时还没有名字，——
这时，我的双手再也不敢

摸向开关和其他东西，
我无权把你们抛在黑暗的王国，
无言的你们面对白昼的栅栏，
陷身于现实的束缚，
我却无法打穿这层隔断。

这是一首很感人的爱情诗，其中渗透着诗人真切的柔情和深刻的思念：诗人在夜晚梦见了爱人，梦见了与她的亲近，甚至还梦见了她的怀孕，在他无意中打开电灯开关之后，出现了光与暗的两个世界，诗人在亮处，她和未来的孩子却留在黑暗中，诗人万分懊恼，发誓再也不去乱摸开关了。夜不能寐，梦中的相会，抚摩和倾诉，誓言和等待，所有这一切都是爱情诗中最常见的元素，然而，布罗茨基在这里的某些写法仍让人觉得有些诧异：窗外的街灯像被截断的梦话，像伸向虚无的省略号，这既象征着渐渐远去的思念，也显露着淡淡的绝望；明与暗之间那层无法打穿的栅栏和隔断，似乎是在强调爱的彼岸性，爱的虚妄。而且，就是在倾诉衷情的时候，布罗茨基仍然没有忘记开个小小的玩笑，说在梦中抚摸情人肚皮的时候，却不小心摸到了电灯开关和裤子。

将布罗茨基和普希金两人的一首同题诗做一个比较，更能看出布罗茨基爱情诗歌的特征来。1829年，普希金曾写下这样一首脍炙人口的爱情诗：

我曾经爱过您：这爱情也许
还没有完全在我的心中止息；
但是别让这爱情再把您惊扰；
我不愿有什么再让您忧郁。
我曾经默默地、无望地爱过您，
时而苦于胆怯，时而苦于妒忌；
我曾经爱您那样真诚那样温存，
上帝保佑别人也能这样爱您。

一个半世纪之后，布罗茨基以这首诗为对象写了一首“仿作”：

我曾经爱过您。这爱情（也许，
就是痛苦）依然钻痛我的神经。
一切都已散成碎片飞去见鬼。
我试图射击，但玩枪可不容易。
还有一个问题，两个太阳穴，
向哪一个开火？碍事的不是颤抖，
而是沉思。见鬼！一切都是非人的！
我曾经爱您那样强烈那样无望，
上帝保佑别人也爱您，但上帝

不会！虽然他无所不能，可是，
按巴门尼德的学说，他不会再创造
血液的炽热和宽大骨骼的脆裂，
不会让嘴巴上的铅封被碰触
嘴唇（我删去了胸口）的渴望融化！

这两首诗都是写给“前”情人的，诗中的词语和句式也很相近，但其中所表达的情感却大相径庭：普希金的诗中有的是纯真、善良和宽容，布罗茨基的诗中却充满了嘲讽、调侃和无所谓。这既是一位古典诗人和一位现代诗人或曰后现代诗人之间的差异，也是布罗茨基爱情诗之特色的典型体现。

布罗茨基的爱情诗也有不以他自己的爱情为对象的，即那种“为他人弹响的竖琴”。在这类“泛爱情主题”的诗作中，最为人所称道的就是《狄多和埃涅阿斯》（1969）一诗：

这个伟大的男人远眺窗外，
而对于她，整个世界的终端，
就是他宽大的希腊外衣的边缘，
犹如凝固的大海一般的外衣上
那丰富的褶皱。

他却

远眺窗外，他此时的目光
离此地如此遥远、双唇
冷却成一只贝壳，其中

潜伏着呼啸，酒杯中的地平线
静止不动。
　　　　而她的爱
只是一尾鱼，它或许能够
跃进大海跟随着那船，
用柔软的身体劈开波浪。
有可能超过那只船，
　　　　　　　然而他，
沉思着已踏上滩头。
大海于是成了眼泪的大海。
但是众所周知，正是
在绝望的时刻，吹起
一阵顺风。于是伟大的丈夫
离开了迦太基。
　　　　　她伫立，
面对她的士兵在城墙下
燃起的一堆篝火，
火焰和轻烟之间颤抖着幻象，
她在这幻象中看见，
迦太基无声地倾塌了，

比卡托的预言早了许久。

这首仅二十余行的抒情诗，既有雕塑般的凝固感，又有十分紧张的情节发展。它如同一出微缩的古希腊悲剧，具有典型的古典遗风。两个主人公，即狄多和埃涅阿斯的对立，构成了全诗的内容，据说，特洛伊城的英雄埃涅阿斯在特洛伊沦陷后流亡到迦太基，迦太基的女王狄多收留了他，并深深地爱上了他，但埃涅阿斯却听从使命的召唤，毅然离开了迦太基，而狄多则因绝望而自杀。在这首诗中，描写埃涅阿斯的诗句和描写狄多的诗句交替出现，像一个特写镜头分别摇向两个人物，在镜头的“切换”处，作者将诗行切断（即诗中的“他却”、“而她的爱”、“然而他”和“她伫立”等处），既突出了转换，也强调了对立。这是男人与女人的对立，也是事业与爱情的对立、理智与情感的对立。诗人没有直接描写两个人物紧张、矛盾的心理活动，而完全以冷峻的外部描写来传达内心。伟大的男人埃涅阿斯远眺窗外，不为女人的柔情所动，他紧抿着贝壳一般的嘴一言不发，也不饮美酒，当顺风吹起，他果断地扬帆出航，去完成他肩负的使命，正是在这一时刻，他实现了他的“伟大”；而柔情似水的女王，最终留不住心爱的人，她的眼泪汇成了大海，她的理想彻底破灭了，于是，她在篝火的幻象中预见了她的国家的毁灭。除了人物的对立外，诗中还有场景的转换、动静的对比和时间的错位。诗开始在一个封闭的空间里，两个人物都静默在压抑的氛围里，狄多看着埃涅阿斯，而后者却看着远方。窗口是一个中介物，它串联起此处和大海，同时也造成了封闭和开放、限制和自由的强烈对比。大海曾被普希金称为“自由的元素”（《致大海》），在这里，它也表示一种自由，象征一种来自远方的神圣召唤。大海是这首诗的中心形象，除了埃涅阿斯远眺的大海外，还有与之对立的外衣构成的“凝固的大海”和狄多流下的“眼泪的大海”，以及毗邻大海的“滩头”。以海为中心的场景转换，是与动和静的对比同步进行的。埃涅阿斯的决心是坚定的，因此对他的刻画所用的是雕塑般的手法，如他衣服上的皱褶像凝固的波浪，他的双唇像紧闭的贝壳，酒杯中的酒静止不动，就连他扬帆起航的动作也被处理成静态的，即“沉思地”走向滩头。而狄多的感情却被写得活动了起来，她柔软的身体如鱼，她涌动的热泪似海，她面对跃动的火焰在幻觉中走向了自己的毁灭。这静与动的对比，其实就是主人公性格和情绪的对比。诗的最后一行是一个时间状语，它被分开排列，造成一种割裂感和距离感。卡托作为古罗马的执政官，极端仇视迦太基，可迦太基的灭亡却在卡托之后。但这里所说的“早了许久”，并不一定是指真实的历史时间，是狄多的“幻象”，或者说，是她的爱情和绝望，导致了迦太基的灭亡，因此是“早了许久”。这里的时间错位，突出了狄多爱情悲剧的毁灭意义。由此可见，人物的对立被置于对立的时间和空间中，在紧张的冲突氛围中，狄多和埃涅阿斯的爱情悲剧，不，也许是整个人类的感情和理智的矛盾，被淋漓尽致地表现了出来。同时，这里写的也是人与人之间的隔膜，是另一种孤独。

关于这首诗还有一个小故事：布罗茨基一次曾对人说，他在第一次和英国思想家以赛亚·伯林见面的时候，主动地说道：埃涅阿斯并不是指您。尽管伯林后来出面“辟谣”，说布罗茨基当时并没有对他说过这句话，但关于《狄多和埃涅阿斯》这首诗是写阿赫马托娃和伯林之关系的说法，还是有所流传。20世纪60年代，访问苏联的伯林曾在列宁格勒与阿赫马托娃有过一夜长谈，后来，这次长谈本身又构成一个话题，引起了人们广泛的猜测和议论，甚至还有以此为内容的书籍出版。伯林的这次来访，像是在政治的壁垒上凿出了一眼文化之窗，让西方知识界了解到了俄罗斯知识分子的生活现状，也为俄罗斯文化人在战后走向西方铺垫了道路。1965年，在伯林的安排下，阿赫马托娃访问了英国，并被牛津大学授予名誉博士学位。三十六年之后，布罗茨基也在同样的地方获得了同样的荣誉。据牛津大学的史密斯教授称，布罗茨基在牛津获得的声誉，首先还得归功于他的诗歌导师阿赫马托娃。

在爱情诗歌的创作上，布罗茨基和阿赫马托娃也有相近的地方。阿赫马托娃的爱情诗善于通过细节来传导女主人公对于不幸爱情的体验，她的爱情诗甚至可以说就是“失恋的记忆”。同样，布罗茨基的爱情诗也充满着哀伤，只不过，较之阿赫马托娃，他的爱情诗要显得更为冷静、超脱一些，有时甚至还多了一点点玩世不恭的味道。然而，冷静也许源自克制，超脱可能是一种逃避，而自嘲和嘲讽有时则意味着某种更深的失望或绝望。这让我们想起了布罗茨基诗中的一句名言：“人类所有拥抱所包含的爱，还抵不上耶稣展开的手臂。”这就是布罗茨基的爱情诗，这就是一个现代诗人的爱情。

第九章
流亡西方

1972 年 6 月 4 日，布罗茨基离开故乡城列宁格勒，开始了流亡生活，从那天起，他就再也没有回到俄罗斯。

从北方的流放地回到列宁格勒之后，布罗茨基仍像从前一样地写诗，成了地下文学中的重要人物，因而被当局视为“不受欢迎的人士”，最后被要求离开苏联。由于布罗茨基是犹太人，当局给他选中的流亡地是以色列，据说连签证都给他准备好了，但布罗茨基选择了西方。在列宁格勒的普尔科沃机场，布罗茨基登上一架飞机，飞到了奥地利。在维也纳，布罗茨基的一个朋友，美国密歇根大学教授卡尔·普罗弗尔闻讯赶到机场，迎接了布罗茨基，他问布罗茨基想去哪里，布罗茨基说他自己毫无主意，于是普罗弗尔提了个建议：你就到密歇根大学来吧。

但在赴美之前，布罗茨基还在国际诗歌界完成了一次轰动的“亮相”。在维也纳，布罗茨基得到了当时居住在此的著名诗人奥登的热情帮助。离开列宁格勒四十八小时之后，布罗茨基就已经坐在奥登位于基尔施特腾的寓所里了。奥登“收留”了布罗茨基，将他介绍给西方的新闻界和文学界，利用自己在西方诗坛的强大影响，让布罗茨基迅速地进入了欧美读者和批评家的视野。7 月底，奥登亲自领着布罗茨基来到英国，出席了在伦敦伊丽莎白女王大厅举办的国际诗歌节。在这次诗歌节上，布罗茨基朗诵了自己的诗作，奥登等人也作了专门介绍，于是，布罗茨基就成了这届诗歌节上的中心人物。据布罗茨基诗歌的英译者丹尼尔·威斯伯尔特回忆，在那次诗歌节期间，奥登始终寸步不离地守在布罗茨基的身边。

两周之后，布罗茨基飞到美国，开始了他在那里长达二十余年的教学和创作生涯。1972 年 12 月 12 日，在给莫斯科的好友谢尔盖耶夫的信中，布罗茨基描述了他刚到美国时的生活情形：

> 我的生活很简单，不费脑筋。一周两次讲座，周一和周三。上午十点用俄语给研究生（做学位论文的学生）讲课，下午四点用英语给本科生也就是大学生讲课（外加来自其他系的教授和其他感兴趣的人）。这第二种课，当

然，是我的粗鲁和他们的忍耐的组合，但是，还是搞出了一些名堂。比如，我强迫他们背诵诗歌，不论他们的年龄和性别。我也解释我如何能背，为何要背。我认为能达到目的。晚上，回到空荡荡的家里，我就试图写点什么。有时能写成点东西，更多的情况下则一无所获。我要做饭，要收拾房间，要看电视；神经允许的话，就读点书。每月一两次，最多两次，飞到某处去演讲，就像在旧金山时那样。说到个人生活，我的个人生活已经被剥夺了。在这里，我的个人生活至少是一种逃避，一种卸载灵魂、抵挡恐惧的尝试。无论情愿与否，我毕竟在使自己习惯于那种千篇一律的个性……

流亡者的生活对于布罗茨基来说，既是一种解脱，又是一种新的孤独状态，既为他赢得了自由，也使他面临着某种丧失自我的可能性，其中的甘苦，只有布罗茨基自己知道。1977 年，布罗茨基加入了美国籍，但他的流亡者的身份和心态似乎并没有立即随之结束。比如，人们在谈到他时，仍常常称他为“俄语诗人”，比如，直到 1987 年，他还出席了在维也纳召开的一次流亡文学讨论会，并以“我们称之为‘流亡’的状态，或浮起的橡实”为题作了长篇演讲。在这次演讲中，布罗茨基描述了一个流亡者可能面对的尴尬处境：

如果有人要将一个流亡作家的生活划入某一体裁，那

> 么这便将是悲喜剧。由于他先前的生活，他能远比民主制度下的居民更强烈地体会到民主制度的社会和物质优势。然而，恰恰由于同样的原因（其主要的副产品是语言上的障碍），他发现自己完全无法在新社会中扮演任何一个有意义的角色。他所抵达的民主向他提供了人身安全，却使他在社会上变得无足轻重了。而没有任何一个作家，无论他流亡与否，能接受这样的无足轻重。

因此，一位流亡作家的命运甚至比不上一位普通的打工者或偷渡客。这种处境中的流亡作家，要么不择手段地出头露面，拼命地接受一切采访，出席各种会议，发表各种极端的言论，"于是，他的自我之球的直径就迅速地增大，最后，这充满了二氧化碳的圆球便带着他离开了现实，尤其是当他居住在巴黎的话，在巴黎，蒙戈尔费埃兄弟曾创造过热气球的先例"；要么，他就只好沉浸于往事，"回忆笼罩了他的现实，使他的未来暗淡了，比常见的浓雾还要朦胧"，"这一方式会使他不知不觉地受到稍感陌生的环境之触动。有时，一片枫叶就足以使他感怀，而每棵树上则有着成千上万的枫叶"。此外，"流亡会延缓一位作家的风格进化，会使他变得更为保守"。如此一来，流亡和流亡者的意义和价值究竟何在呢？布罗茨基认为：

> 对于我们这个职业的人士来说，我们称之为"流亡"的状态，首先是一个语言事件：他被推离了母语，他又在

向他的母语退却。开始，母语可以说是他的剑，然后却变成了他的盾牌、他的密封舱。他在流亡中与语言之间那种隐私的、亲密的关系，变成了命运，甚至在此之前，他就已变成了一种迷恋或一种责任。……换句话说，我们全都在为一部字典而工作。因为文学就是一部字典，就是一本解释各种人类命运、各种体验之含义的手册。这是一部字典，其中的语言就是生活对人的所言。它的功能就是去拯救一个人，拯救新来者，使他不再落入旧的陷阱，或者，如果他还是落入了旧陷阱，就前去帮助他，使他意识到，他不过是撞上了同义反复。这样的话，他就会较少被迫，就某种意义而言，也就有更多自由。因为，去弄清生活词汇的含义，去弄清你所遭遇的一切之含义，这就是解放。

…………

但是也许，我们更大的价值和更大的功效，就在于无意识地体现出了这样一个令人沮丧的观念，即被释放的人并非一个自由的人，解放仅仅是获得自由的手段，而不是自由的同义词。这指明了人类可能遭遇到的最大损失。我们可以因发挥了这样的作用而自豪。无论如何，如果我们想发挥更大的作用，一个自由的人的作用，那么我们就应该能够接受，或者至少能够模仿自由人的失败方式。一个自由的人在他失败的时候，是不指责任何人的。

这是布罗茨基关于流亡状态的感觉和认识，也是他自己真切的生活方式。流亡到西方之后，布罗茨基虽然一直坚持自己的政治立场，但是，他既没有对他逃离的国家进行廉价的政治攻击，也没有立即对接纳他的国家大唱赞歌。在接受诺贝尔文学奖时所作的演说中，布罗茨基就对他“现在居住的”和“曾经居住的”两个国家对文学的漠视进行了同样的谴责。说到底，在布罗茨基的意识中，他生活的避难所不是西方，不是美国，而是诗歌，是语言。而流亡，则使他不得不更亲密地与诗歌和语言独处，从而保证了其创作的延续和发展。

1993 年，俄罗斯联邦的有关机构作出决定，为布罗茨基“平反”，并恢复他的国籍。有人就此事向他提问，他回答道：苏联已不存在，所以我已无国籍可恢复了；我是一个犹太人，而犹太人是没有祖国的。苏联解体之后，布罗茨基没有像索尔仁尼琴和季诺维耶夫那样返回俄罗斯，也没有像沃伊诺维奇那样在俄罗斯和西方之间来回穿梭。他曾经落入一个“陷阱”：一次有人问他何时返回俄罗斯，他说，等到他的作品在俄罗斯公开出版的时候。可是等到他的作品在俄罗斯大量面世的时候，他却自食其言，没了动静。对于他始终不愿回俄罗斯的做法，许多人都感到不解。有人认为，已经美国化了的他不愿意重新做一个俄罗斯人了；有人认为，他是怕回去以后被有关政治势力所利用。也许，布罗茨基是想让世人彻底地淡忘他的流亡者身份，但更有可能，他是想在流亡的状态中继续保持对语言的依赖感。

但无论如何，在 20 世纪的俄罗斯流亡文学史中，布罗茨基都占据了一个显赫的位置。在所谓的“第三浪潮”流亡文学中，布罗茨基和索尔仁尼琴分别被视为诗歌和小说两大体裁中的首要代表。至少是在文学史中，布罗茨基的“流亡”身份无疑将一直被确认下去。

第十章
悲伤与理智

布罗茨基的研究者们，通常以布罗茨基的被流放（1964），他的流亡生活的开始（1972）和他获得诺贝尔文学奖（1987）这三个重大事件为基点，将他的创作划分为四个阶段。在不同的创作阶段里，布罗茨基的创作主题是有所不同的，如在流放时期，孤独和别离的主题曾分外清晰地响彻在他的抒情诗中；在流亡之后，时间和空间的主题得到了诗人更多的关注；而在其创作的最后若干年里，帝国的主题和语言的主题则占据了主要地位。但是，若将布罗茨基的创作当作一个整体来看，又可以发现，其主题始终是一贯的，这就是死亡和存在的问题，就是面对生活的悲观意识，“悲伤与理智”是他对弗罗斯特一首诗作之主题的概括，我们以为，这个概括也可以反过来用于布罗茨基本人的创作。

在对生命之本质的认识上，布罗茨基接近于存在主义。环境是令人恶心的，别人是陌生的，生命是迷惘的，这类情感在他的诗中，尤其是早期的诗中有诸多流露。他曲折的生活经历，他所处时代和社会给人造成的压抑感，使他很容易与存在主义哲学产生共鸣。他在流放中和流放后几年写的诗，大多以孤独为题，表达了“别人，就是地狱”那样的感受。在《致北部边疆》（1966）一诗中，他宣称愿做耳聋的“松鸡”，翅膀上落满羽毛似的一页页日历，愿做“躲开人的脸庞，躲开狗的合唱，躲开双筒的眼窝”的“狐狸”。在另一首诗中他进而写道：“学会了人与人的隔绝，我不想与自己隔绝。”

谈到“孤独主题”，会使人想到在浪漫主义诗歌中开始出现的“诗人与群众”的命题。在俄国诗歌中，普希金、莱蒙托夫等追随拜伦，将群众视为天才的陪衬或铺垫。到了涅克拉索夫时代，诗人与群众之间被楔入“公民”的中介并有所沟通。但是，面对群众而有的优越以及随之而来的孤独，却是众多诗人的传统感受。布罗茨基的孤独还另有一个层次，即同仁中超前者的孤独，也许就是基于这种感受，他曾认定曼德尔施塔姆“是俄国诗歌中一个极其孤独的身影”。此外，布罗茨基的孤独还是一种主动的孤独，是一种精神上的自我流放。也就是说，布罗茨基诗歌中的生命孤独的主题，其基础和内涵都是多面的。

像孤独一样，死亡也是布罗茨基诗歌的中心主题之一。另一位诺贝尔文学奖得主米沃什说过，布罗茨基的诗歌主题就是“爱与死”。在世界文学中，描写死亡的诗歌并不鲜见。而诗人书写死亡的心理起因，也许，就是面对死亡的恐惧。他可能直接表露这种恐惧，也可能表达对这一恐惧的克制，还可能憧憬克服恐惧后的超脱。面对死亡的恐惧，在布罗茨基这里表现得比较自然。他早年的长篇抒情诗《丘陵》就是对死亡主题的直接表达，诗中有这样一连串对死亡的形容：

死亡，不是露水中
拖着长辫的可怕的白骨。
死亡，就是我们全都
站立在其中的一丛灌木。
这不是葬礼上的哭泣，
也不是黑色的蝴蝶结。
死亡，是乌鸦的聒噪，
是换成红色的黑色赌注。

死亡，就是所有的汽车，
就是花园就是监狱。
死亡，就是所有的男人，
他们的领带吊在那里。
死亡，就是澡堂和教堂
还有住房中的窗玻璃！

死亡，是我们身边的一切，
因为它们没有视力。

死亡，就是我们的力量，
是我们的劳动和汗滴。
死亡，就是我们的血管，
是我们的灵魂和肉体。
我们再也不去爬丘陵。
我们的屋里灯光通明。
不是我们没看见灯火，
是灯火没看见我们。

在这首诗的末尾，布罗茨基推出了“生命”和“死亡”的两个意象：“死亡，这只是平原。/ 而生命，是丘陵，丘陵。”布罗茨基对死亡的理解有其独特之处，他不把死亡当成个体的终结，而将它视为所有人都面临着的一把“命运的剪刀”；他不把死亡当成一种意外和突然，而将其理解为一种时刻与生命纠缠在一起的渐变；他不把生命与死亡当成截然的相对，而将它们看成一种相互的依存和自然的转换。“丘陵”是起伏，是变化；“平原”是单调，是空旷。通过这两个意象，布罗茨基进而把生命与死亡转化为存在与虚无，转化为时间与空间。在对生命过程的观察上，布罗茨基从而获得了某种泰然和超然。

到了西方以后，布罗茨基的生活渐渐安定下来，甚至安逸起来，但是，布罗茨基诗歌中的孤独和死亡的主题不仅没有淡化，反而越来越深重了。美国学者克列普斯在他的专著《论布罗茨基的诗歌》（1984）一书中将布罗茨基的诗与普希金的诗做了一番比较，然后写道："总的说来，普希金是俄国诗歌中心灵和肉体的健康、精神的健全、激情的充沛之最充分的体现。而在布罗茨基的诗中，舒适、慵困、友谊、欢快的宴席、轻松幸福的爱情、人间财富和身体健康带来的快感等享乐主义的主题，是绝对没有的。"

死亡或许并不可怕，因为人活着的时候看不到自己的死亡，死亡来的时候人又已经不存在了。更可怕的，是作为死神叩门声的疾病，是死亡迫近的物化标志——衰老。人与动物的重要区别之一，就是他能预知自己的死亡，这也正是人生悲剧性的总根源。疾病与衰老一次次地提醒我们，生命就是朝向死亡的不停运动。注视生命的过程，就不可能对疾病和衰老无睹。疾病和衰老的主题，也一直是布罗茨基诗歌的重要描写对象。在《致一位女诗人》（1965）一诗中，诗人自称，如今让他心虚的不是去做贼，而是"秃顶的闪亮"。在《科德角摇篮曲》（1975）中，诗人感到："衰老躯体的气息，比它的轮廓更尖细。"最集中地描写衰老的，是诗人1972年12月18日写下的《一九七二年》一诗：

心脏像松鼠，在肋骨的枯枝间
跳跃。喉咙歌唱年龄。
这——已经是衰老。

衰老！你好，我的衰老！
血液滞缓地流动。
双腿匀称的构造时而
折磨视力。脱下鞋子，
我提前用棉絮拯救
我感觉的第五区域。
每个扛锹走过的人，
如今都成为注意的对象。

…………

衰老！躯体中越来越多死亡。
就是说，无用的生命越来越多。
从青铜脑门上消退局部世界的
闪光。黑色探照灯在正午
淹没我的眼窝，
我肌肉中的力被盗走。

衰老和死亡，都是时间对人的"赠予"。"时间"一词以大写字母开头不断出现在布罗茨基的诗歌中，被当作主宰一切的主人、敌人和刽子手。时间摧毁一切，如布罗茨基所形容的那样，"废墟是时间的节日"，"灰烬是时间的肉体"。在这里，布罗茨基把他的孤独主题、死亡主题与时间主题对接，并由此扩展开去，在人、物、时、空的复杂关系中继续他对生命的探究。《科德角摇篮曲》是诗人这类思考的集中体现，诗中认为“空间是物”，时间是“关于物的思想”，“时间大于空间”，它的形式是生命。空间作为永恒的、不朽的时间的对应体，是物质的。但它和时间一样，都是人的依赖。人在本质上属于时间，在形式上属于空间，人是“空间的肉体”。生命的人与静止的物相对立，但时间却能将两者调和。作为时间之一种手段的死亡，把人变成物，同时在人身上实现着时间与空间的分裂。人被时间杀害，却又通过时间脱离了空间。这样，布罗茨基诗中的生命便具有了某种形而上学的意味。

布罗茨基似乎对约定俗成的生命彼岸兴趣不大，虽然他在诗中也时常写到天堂、地狱、上帝、信仰、神等。对地狱和天堂，布罗茨基都抱着无所谓的态度，因为他认为那些去处都是“空旷”。布罗茨基对生命结局的考虑，集中在如何超越生命这一点上。他一般是排斥宗教手段的。就此而言，他是一个无神论者，那些说他的创作带有宗教色彩，说他是一个宗教诗人的观点，大约是受了一些表面现象的迷惑。布罗茨基选中创作作为对死亡的超越。他认为，创作是与时间抗争的唯一手段，因为创作是以语言为媒介的。在人类所有的创造物中，只有语言不会消失，它是过去和未来的联系。

存在是孤独的，生活是悲剧性的，是一个充满悲伤的过程，但是，处于这一过程中的人却有与时间和空间搏斗的可能和能力，只有面对死亡的理智，只有作为人类智慧不朽积淀的语言，才能证实人生存的价值和意义。这便是布罗茨基的创作所折射出的一个总的命题，而布罗茨基诗歌中的孤独、生死、时空和语言等几个重要主题，都是这个总命题的分别体现。读了布罗茨基的诗，我们有一个感觉：布罗茨基似乎精心制作了一个悲剧性的黑色的生命雕像，却又将它置于一个暖色调的摆满盛开鲜花的硕大底座上。细读布罗茨基的某一首诗，会感到莫名的压抑和悲观；概览布罗茨基的创作，却有着远睹那座组合雕塑所产生的浑然的安详和天然的达观。

在近四十年的写作生涯中，布罗茨基总共写下了近千首抒情诗、百余万字的各类散文和许多其他体裁的作品，先后出版了几十种各类作品集，其中较常为人所称道的有：《长短诗集》(1965)、《荒野中的停留》(1970)、《美好时代的终结》(1977)、《罗马哀歌》(1982)、《献给奥古斯都的新篇》(1983)、《小于一》(1986)、《悲伤与理智》(1995)。从彼得堡到斯德哥尔摩，再从斯德哥尔摩到世界，布罗茨基一路上始终没有停止歌唱；从与死者的对话到对文明的眷恋，从孤独的体验到“死亡的练习”，从时间与空间在诗中的融合到帝国与文化的对立，布罗茨基在不停地吟唱着他“悲伤与理智”的诗与歌。

第十一章
在大学讲坛上

布罗茨基，这个总共只上过八年学、连中学都没读完的俄罗斯人，后来却成了美国多所大学的教授，从 1972 年流亡到美国直到去世，他在大学教了二十四年书。大学讲坛上的工作，构成了布罗茨基后半生中除了写作之外主要的生活内容。布罗茨基先后任教过的学校有近十所，如密歇根大学、马萨诸塞的“五大学院”（阿默斯特学院、史密斯学院、芒特·霍利奥克学院、汉普希尔学院和马萨诸塞大学阿默斯特分校）、哥伦比亚大学、皇后学院、纽约市立大学和纽约大学等。至于他做过短期访问或讲座的学校，更是遍布欧美各国。布罗茨基在大学里的身份是文学教授，他开设的课程全都是与诗歌有关的，如“十九世纪俄国诗歌”“二十世纪俄国诗歌”“古罗马诗人”“十七世纪英国诗歌”“比较诗歌”等等。

布罗茨基是一个职业诗人，却未必是一个职业教师。所谓“教学法”之类的东西，对于他来说或许是很陌生的。他显然不是那种苦口婆心、循循善诱的老师，但是他能用自己睿智的思想、精妙的语言感染那些有天赋、有思想的学生。布罗茨基能不时地在课堂上遇到知音，许多听过他课的学生都成了他的好朋友和合作者。但在有些情况下，布罗茨基也难免遭遇“对牛弹琴”的尴尬。布罗茨基在美国开始其教师生涯的时候，恰逢美国教育史上的一个转折关头，在美国的学校中，相对于传统的知识传授，对学生的个性意识和适应能力的培养被提到了更高的位置，而在具体的学科设置上，应用型学科又得到了更多的关注。这样，布罗茨基在走进教室时所面对的，就可能是那些个性意识极强而人文基础知识却相对欠缺的新一代美国学生，而且，他们还是受到电视和电脑诱惑的最初几代人。来听布罗茨基课的学生，大致有这么几种：对诗歌一无所知、仅想混个文凭的人；抱有功利目的的人，想尽快学会写诗，甚至将来也去弄个诺贝尔文学奖尝尝；纯粹出于好奇，看看这个名气很大又与众不同的教授到底是个什么样子。在这样的教育现实中，布罗茨基难以保证他的每一堂课都是成功的。据说，在哥伦比亚大学，有一次在谈到帕斯捷尔纳克翻译的《哈姆雷特》时，布罗茨基顺便问了问学生：“丹麦在什么地方？”不料学生中竟无人能回答。愤怒的布罗茨基抛下了这样一句话：“一个不懂地理的民族是应该被征服的。”还有一次是在阿默斯特学院，布罗茨基不无恼怒地对学生说：“你们要是再不读书，就会变成奶牛！”而在更多时候，布罗茨基还是比较忍耐的，面对学生们难堪的沉默，他常常以一个善意的玩笑来化解，或者发出一声深深的叹息。在1975年5月21日写给朋友谢尔盖耶夫的一封信中，布罗茨基曾这样写道：“我在课上和课外所进行的主要工作，就是寻找能够爆破各种各样脑袋的多种方法。有时能找到，但也常常觉得费劲……”

布罗茨基的劲儿没有白费，在美国的大学里，满怀诗情、富有感染力的布罗茨基，还是常常把他的课堂变成了一个卓有成效的诗歌实验室。无论讲什么题目，他的课都是对诗歌文本的细读，都是关于诗歌的主题、结构、形象和韵律等的详细剖析，都是关于世界诗歌中的典故和警句的精彩介绍。听过布罗茨基讲课的人，都惊讶于他渊博的知识、充沛的激情和超常的记忆力。布罗茨基在解释诗歌的时候，善于旁征博引，从哲学到艺术，从历史到地理，从宗教到民俗，各种背景知识他都能随手拈来。从他在阿默斯特学院为学生开列的一份阅读书目中，就不难看出他对学习诗歌应具备的文化涵养的注重。在他的这份书目上有一百本书，从《圣经》到克尔凯郭尔，从奥古斯都到叔本华，还有路德、加尔文、笛卡尔等，而文学类的图书反而不多，其中的俄国文学作品只有三部：陀思妥耶夫斯基的《群魔》、曼德尔施塔姆的散文和曼德尔施塔姆遗孀的回忆录。布罗茨基显然不是一个就诗歌论诗歌的匠人式的老师。布罗茨基的诗歌记忆力十分惊人，他在课堂上所引用的所有诗句，都是背诵出来的，从不看讲稿，同样，他也要求学生像他这样记忆诗歌。据说，他所布置的家庭作业的主要内容，就是背诵和默写诗歌。

1973年秋，一位名叫罗谢特·拉蒙特的学生在纽约皇后学院选修了布罗茨基的课，后来，他写了一篇介绍布罗茨基授课风格和内容的文章，题为《约瑟夫·布罗茨基：诗人的课堂》，发表在《马萨诸塞评论》1974年秋季号上，文中记录了布罗茨基在课堂上说过的这样两段话：

> 朗诵自己或他人的诗，会使人联想到祷告的方式。当人们开始祷告的时候，他们最初也是倾听自我的。除了祈祷词，他们还能听见自己祈祷的声音。朗诵诗歌，也就意味着听到自己，意味着倾听自我。正是因为这一点，我才请求你们背诵诗歌。如果你们想理解一首诗，最好的办法不是去分析它，而是去记住它、背诵它。诗人走的是一条诗歌的小道，甚至可以说，他是在追寻一个语音形象，因此，在背诵一首诗的时候，你们似乎首先就步入了其完整的创作过程。
>
> 我一边翻译约翰·邓恩和罗伯特·洛威尔的诗，一边学习英语。在我开始翻译的时候，我的桌上总摆着一本厚厚的字典。当我在字典中查找生词的时候，我发现，脱离了上下文的一个词，可能具有好几个含义，这让我激动不已。我知道，对于翻译来说，只能使用一个词的一个含义，但尽管如此，还是应该注意到这个词的其他所有含

义，它的词源，它的神话学和语音学上的共鸣。这样一来，我不仅掌握了一门外语，而且还意识到了母语中的某些东西。我学会了因为语词而惊讶。……学习一门外语的最佳方式，就是去翻译用这种语言写就的诗歌。一首诗的音乐会带动你们，你们会在声音的波浪中游动，但与此同时，你们还能看见海洋的深处。在那里，在海洋的深处，你们能看到海洋生物沸腾的生活。这样一来，语言和句法的种种复杂性就会在你们面前被解开，这时，你们就可以在一首诗的自足世界的内部来认识这些复杂性了。

亚历山大·巴特钦 1982 年在哥伦比亚大学艺术学院文学系修过布罗茨基为研究生开设的课程，他这样介绍布罗茨基比较独特的诗歌教学方法：

这并不是严格意义上的教学课程，诸如“×× 导论”或“×× 史”之类。布罗茨基不进行扫盲工作。他选出十来首他喜欢的诗人的诗作，我们每个星期研究其中的一首。什么叫“研究”呢？布罗茨基并不迷恋对诗歌文本的结构分析，而我们的大学当时正以结构分析见长，托多罗夫和克里斯蒂娃也常常从法国跑到我们学校来。然而，布罗茨基的方法却相当传统：他试图使学生们弄清一首诗的独特性，其比喻构造的深度，历史文化语境的丰富，更主要的是要揭示出写作此诗所使用的那一语言中的创作潜能。如果这样的分析是由另一位教师来做的话，也许就不那么有趣了。但是，某一首被布罗茨基选中的诗为何属于世界诗歌的巅峰之作，他作出的解释总是非常有趣的，这是因为，这些解释是一位杰出诗人的意见。

在布罗茨基的课上，总是洋溢着激昂的节日气氛。我们这些大学生们，落入一片强有力的智性磁场，觉得自己的大脑似乎被清洗了一遍，在布罗茨基的影响之下，我们开始关注那些没有他我们便不会去关注的东西。可以毫不夸张地说，布罗茨基是一种地地道道的智性助推器。但是，从另一方面来说，他的横杆有时摆得太高了，使得我们和他在一起的时候感到很艰难。一直站在高处，不放松一下，是很艰难的。有他在场的时候，我们都很心惊胆战，怕说出什么陈词滥调来，这很累。奇怪的是，学生们并没有起来反抗这种智性的强迫，而这样的反抗在美国的大学里是司空见惯的。他们容忍了布罗茨基，要是换一位教师，也许就不会这么顺手了。

约翰·科珀是20世纪70年代中期布罗茨基在阿默斯特学院的学生，数年之后，他们在加州大学伯克利分校再次见面的时候，科珀曾就是否继续攻读文学学位的问题征求布罗茨基的意见，布罗茨基用他天蓝色的双眸注视了科珀一下，说道："你当然应该学文学喽！瞧这周围"，他用一个夸张的动作指了指四周，"只有文学才能让我们对所有这一切说'不'"。后来，在自己的回忆录中，这位学生仍没忘记布罗茨基的双眸，没忘记布罗茨基的目光：

除了在念诗的时候，布罗茨基的目光都是很慈祥的。我倾向于认为，他是在试图安慰听者，在他的诗歌带来的痛苦之后，他那些诗句就像是一颗颗命中靶心的怀疑主义和悲观世界观的子弹。他的目光不像一些伟人的目光那样深不可测，不会使人联想到那种超出常人限度的未卜先知者的眼神。他的眼睛看着谈话者，很专注，带着笑意。交谈中，他的整个脸庞似乎都变成了一根弯成弧线的眉毛，似乎在期待某种讽刺性的话语，那些话语将既是宽容体谅的又是意味深长的，是值得记住的。如果别人说不出这样的话来，他总是能自己把它说出来，——这个认为自己生活在前基督时代的犹太人。

布罗茨基的好友列夫·洛谢夫教授曾与布罗茨基一同在马萨诸塞大学执教，他在谈到作为教授的布罗茨基时写道："他在教室里思考，在教室里想象，在教室里出声地比喻，而那些大学生们也许并不知道，他们走进这间卓越的诗歌实验室，获得了多么巨大的创作和智性上的充电。"著名的布罗茨基研究家、英国基尔大学教授瓦连京娜·波鲁希娜，曾于1980年在密歇根大学参加过布罗茨基主持的一个诗歌讲习班，并在那里完成了以布罗茨基的创作为主题的博士论文。布罗茨基那神采飞扬、口若悬河的教师形象，给波鲁希娜留下了深刻的印象，她后来将布罗茨基的讲习班形容为"知识的盛宴"，并感叹道："我常常感到惊讶，出席如此盛宴的幸事怎么就被我赶上了呢。"她认为，布罗茨基对诗歌的宣扬，使他的课

“已不仅仅是普通的教学活动，而且也成了一种启蒙活动”，“一种道德教育活动”。布罗茨基在课堂上从不谈论自己和自己的创作，可波鲁希娜却处处都能感觉到他的“在场”：

> 我们目睹了一个悖论：尽管他从来不涉及自己的创作，绝对不谈自己，但我们对布罗茨基的了解，却并不亚于对他所分析的那些诗人的了解。有意无意之间，他在这些诗人的文本中确立了自己的在场，怀着孩子般的喜悦认出了自己的祖先，充满感激地、慷慨地将自己观察世界的水准归功于他们，和他们分享关于存在之悲剧性的隐秘认识，扩展自己和他们的精神空间。他会在一两个小时里变成里尔克、弗罗斯特、奥登和曼德尔施塔姆，但他依然是布罗茨基。严格地说，这完全不是什么讲座，而是众多诗人每周一次在他的课堂上聚会，来参加这个智性的和美学的宴会。

是的，布罗茨基的课堂是知识的盛宴，是诗歌的沙龙，可以想象，一个富有诗歌天赋、具有艺术思想的学生，在布罗茨基的课堂上无疑能够获得很多宝贵的诗歌经验和审美秘诀。那些亲耳聆听过布罗茨基教诲的人，是幸运的。

另外，在美国大学长年的教学工作对布罗茨基本人也产生了某种影响，将他“改造”成了一个地地道道的美国知识分子。二十余年的文学教学生涯磨砺了他的英语，也磨砺了他的行为举止，使他更深地融入了美国的校园文化，乃至整个美国社会。

第十二章
诺贝尔文学奖

1987年10月22日，布罗茨基应英国著名侦探小说家约翰·勒·卡莱之邀，来到伦敦赫姆普斯特德一家不大的中餐馆，与卡莱夫妇一起共进午餐。就是在这家小餐馆里，布罗茨基获悉了自己获得当年诺贝尔文学奖的消息。卡莱后来在接受采访时详细地介绍了当时的情形：

我的妻子珍妮也来了，于是，我们三个人就坐到一张小餐桌旁，闲聊起来，谈的都是那些符合约瑟夫口味的鸡毛蒜皮——谈姑娘，谈人生，什么都谈，就在这时，瑞娜·布伦德尔（当时布罗茨基住在她家里，她丈夫是一位著名音乐家，是布罗茨基的朋友。——本书作者按）出现在了门口。她是一个高大、壮实的德国女人，说起话来还带点德国口音，她丈夫的威望和知名度似乎也传染到了她的身上，只听她说道：“约瑟夫，你该回去了。”约瑟夫回答说：“干吗？”这时，约瑟夫已经喝了两大份威士忌，大约有半瓶。她说：“你获奖了。”约瑟夫问：“什么奖？”她说：“诺贝尔文学奖。”我说道：“服务员！拿一瓶香槟来！”于是，瑞娜坐了下来，同意喝这瓶香槟。我问她：“您是从哪里得到消息的？”她说：“瑞典国家电视台正在我们家附近等着约瑟夫呢。”我是此刻唯一清醒的人，我又问：“是谁告诉您的，您敢肯定吗？”她说：“所有的瑞典人都在这么说。”我说：“您是知道的，候选人有三四个，瑞典人也许会守在每个人的门口，我们应该得到更确切的消息，然后才能安安静静地喝干这瓶香槟。”当时，约瑟夫的出版商罗杰·斯特劳斯正好在伦敦，于是，珍妮就往他下榻的旅店打了一个电话，他说是的，从斯德哥尔摩已经传来了消息，约瑟夫获奖了。于是，我们就把香槟喝干了。约瑟夫不喜欢香槟，他只是象征性地喝了一点，他想再喝点威士忌，但瑞娜说他应该回去了，于是我们就离开了餐馆。

据卡莱说，布罗茨基很在意能否获得诺贝尔文学奖，一直在盼望结果，但在得知获奖的消息时，他却没有流露出什么喜悦、兴奋的表情，反而显得很冷静，甚至还有些沉重。在与卡莱分手的时候，他苦笑着说了一句：“看来，得闲扯上一年了。”

布罗茨基获得诺贝尔文学奖的时候只有四十七岁，是诺贝尔文学奖历史上最年轻的获奖者之一（另一位四十多岁的获奖者是法国作家加缪）。虽然，布罗茨基早在60年代就因“布罗茨基案件”而名扬西方了，但西方文学界对他获得诺贝尔文学奖还是表现出了一定的惊讶，称他为“熟悉的陌生人”。其实，这个结果并不太出乎布罗茨基本人的意料，因为早在1980年，他就已经入围了诺贝尔文学奖，只是在最后的角逐中才让位给波兰诗人米沃什。七年过后，布罗茨基终于获得了诺贝尔文学奖评委们的认同。

12月10日，在例行的诺贝尔奖颁奖典礼上，瑞典皇家学院秘书长斯图尔·艾伦宣读了授奖词。他首先指出，布罗茨基一个显著的特点，“就是醉心于发现”，而他诗歌中贯穿着的主题就是：“诗歌是生活的最高表现形式”，“这一主题在浓郁的诗意、优美的智识和高超的语言中得到了发挥”。授奖词肯定布罗茨基“是一位不断更新诗歌表现手法的高手”，但也指出了布罗茨基对俄国古典主义诗歌传统和自玄学派以来的英语诗歌传统的综合性继承：

> 对于他来说，俄语和英语是观察世界的两种方式。他说过，掌握了这两种语言，就像是坐在存在主义的山巅上，可以静观两侧的山坡，俯视人类发展的两种倾向。东西方兼容的背景，为他提供了非常丰富的题材和非常多样的观察方法。这一背景与他对历代文化透彻的领悟力相结

合，孕育出了开阔的历史想象力。

这位显然为布罗茨基的诗所感动的院士，还在授奖词中大量引用诗人的诗句，并向诗人对诗歌和语言的忠诚信仰表达了敬意。

接着，身穿燕尾服的布罗茨基走上前去，从瑞典国王手中接过了获奖证书和奖章，并致了答谢词。机智的布罗茨基从两个角度出发，向授奖给他的主人们表示了谢意和敬意：我们一同生长在波罗的海岸边，我们呼吸过同样的空气，吃过同样的鱼类，淋过同一场雨，在同一个大海里游过泳，由于风向的不同，我看到的云已被你们见过，或你们看到的云已被我见过——早在我们聚集在这个大厅里之前，我们已经有了共同之处；在人类的历史中，诗歌的读者一直很难超过百分之一，因此，古代的诗人不得不趋向宫廷，那里是权力的中心，而现代的诗人则不得不趋向高等学府，这里是知识的中心，而你们的皇家学院却是两者的结合，如果诗歌读者的比例在将来仍能得以维持，那在很大程度上得归功于你们。当然，布罗茨基也没有忘记声明，他的感激并不完全出于一己之私，他也代表着今天和将来的诗歌读者，他同意海明威的话，人并不永远是胜利者，但他断言：一个阅读诗歌的人比不阅读诗歌的人更难被战胜。

按照诺贝尔奖章程规定，获奖者必须在斯德哥尔摩发表一次公开演说，即《诺贝尔演说》。在受奖前的 11 月，布罗茨基就在一次集会上发表了他的长篇演说，如今，这篇《诺贝尔演说》已被视为其诗歌美学观最集中的体现。

该《演说》分为三个部分。在第一部分，布罗茨基介绍了自己作为一个诗人的来历。他说，突然出现在这个讲坛上，让他“感到很窘迫”，而“这一感觉的加重，与其说是因为想到了先我之前在这里站立过的那些人，不如说是由于忆起了那些为这一荣誉所忽略的人，他们不能在这个讲坛上畅所欲言，他们共同的沉默似乎一直在寻求着，并且终于没有替自己找到通向你们的出口”，而他们，就是曼德尔施塔姆、茨维塔耶娃、弗罗斯特、阿赫马托娃和奥登。布罗茨基谦逊地、充满感情地说道：“这些身影常使我感到不安，今天他们也让我不安。无论如何，他们不鼓励我妙语连珠。在最好的时辰里，我觉得自己仿佛是他们的总和，——但总是小于他们中的任何一个个体。因为在纸上胜过他们是不可能的，也不可能在生活中胜过他们，正是他们的生活，无论多么悲惨多么痛苦，总是时常，似乎比应该有的更经常，迫使我去惋惜时间的流动”，“我十分珍重他们的创作和他们的命运，这是因为，若没有他们，作为一个人，作为一个作家，我都是无足轻重的：至少我今天不会站在这里”。

接下来，布罗茨基便为诗歌和文学的地位、价值和意义作了一番辩护：“至少，文学有权干涉国家事务，直到国家停止干涉文学事业。”“文学的功绩之一就在于，它能帮助一个人确定其存在的时间，帮助他在民众中识别出无论是作为先驱还是作为常人的自我，使他避免同义反复。”“就人类学的意义而言，我再重复一遍，人首先是一种美学的生物，其次才是伦理的生物。因此，艺术，特别是文学，并非人类发展的副产品，而是相反。”“但我觉得，作为一个交谈者，一本书比一个朋友或一位恋人更可靠。”“更为深重的罪孽，就是鄙视书，不读书。由于这个罪孽，一个人将终生受到惩罚；如果这一罪孽是由整个民族犯下的话，这一民族因此就要受到自己历史的惩罚。”这些观点也许算不得非常新颖，但由布罗茨基在一个庄重的场合用颇为极端的语气道出，还是能产生一种振聋发聩的效果。

最后，布罗茨基就像一个虔诚的牧师那样，再次阐述了其语言宗教学说：

> 只有诗人才永远清楚，平常语言中被称之为“缪斯的声音”的东西，实际上就是语言的操纵；他清楚，语言不是他的工具，而他倒是语言延续其存在的手段。语言，即便有人将它视为某种让人兴奋的东西（也许是正确的），那它也无助于伦理的选择。
>
> 一个人拿起笔来写诗，意图各不相同……但是，与促使他拿起笔来的各种意图无关，与流出其笔端的一切所产生的效果无关，对于他的读者，无论读者是多还是少，这一事业迅即的结果，就是一种与语言产生了直接联系的感觉，更确切地说，就是一种对语言中所说、所写、所实现的一切迅即产生依赖的感觉。
>
> 写诗的人写诗，首先是因为，诗的写作是意识、思维和对世界的感受的巨大加速器。一个人若有一次体验到这

种加速，他就不再会拒绝重复这种体验，他就会落入对这一过程的依赖，就像落入对麻醉剂或烈性酒的依赖一样。一个处在对语言的这种依赖状态中的人，我认为，就称之为诗人。

我们注意到，若以布罗茨基获诺贝尔文学奖的1987年为中心，在此前后共二十年的时间里，先后有近十位诗人成为诺贝尔文学奖的得主，他们是：阿莱克桑得雷（1977），埃利蒂斯（1979），米沃什（1980），塞弗尔特（1984），布罗茨基（1987），帕斯（1990），沃尔科特（1992），希尼（1995）和希姆博斯卡（1996）。据不完全统计，在诺贝尔文学奖一个多世纪的历史中，百余位获奖者中有三分之一为诗人，诗人在获奖者中所占的比例是不低的，而在诗歌显得并不景气的20世纪最后二十余年间，这个比例不仅没有降低，反而有所提高。这显然是诺贝尔奖评委会的有意为之，我们似乎能感觉到，诺贝尔文学奖不仅在谋求文学与社会、文学与其他科学、严肃文学与通俗文学以及各文学体裁间的平衡，同时，也在试图维系文学潮流与传统美学趣味、诗歌精神与社会价值取向之间的平衡。它在功利化的社会中推崇非功利的文学，在日益商业化、通俗化的文学中推崇严肃文学，在小说占据统治地位的当今文学中推崇诗歌，而在诗人中又推崇那些最唯美的、最孤独的诗人。

但另一方面，诗人较高的获奖比例也是布罗茨基这一代诗人自身努力的结果，是他们创作成就的真实体现。他们在一个通俗化的时代里坚守诗歌，勤奋创作，为世界文化增添了新的色彩。而且，还有一个现象让人颇为感慨：这些分属不同文学不同语种、最强调个性和特色的诗人，这些常常在各种奖项的竞争中狭路相逢的诗人，却没有文人相轻，反而形成了一股合力，他们互相唱和，互相鼓吹，互相提携，彼此都很珍重对方的诗歌创作和美学精神，有人甚至将他们称为“诺贝尔诗人圈”。

在这个诗人圈子里，无论是与在他之前获奖的米沃什和塞弗尔特，还是与在他之后获奖的帕斯、沃尔科特、希尼和希姆博斯卡，布罗茨基都保持着非常亲密的关系。生于1911年的米沃什，比布罗茨基大了将近三十岁，流亡西方也比布罗茨基早了二十多年，但他却像一位兄长一样处处关照着布罗茨基；布罗茨基和米沃什曾同时在哥伦比亚大学任教，米沃什开了一门布罗茨基诗歌专题课，布罗茨基也同样开了一门米沃什诗歌专题课，在校园之外，他俩也常常一同出入诗歌晚会和学术场所；早在1980年，在自己获得诺贝尔文学奖的那一年，米沃什就在《纽约图书评论》上发表了《与窒息相抗争》一文，对布罗茨基诗歌的主题和特色作了精彩的评论。布罗茨基于70年代初来到美国的时候，帕斯已在哈佛大学任教，两人在一次圣诞晚会上结识之后就成了好朋友，帕斯还把布罗茨基请到墨西哥，共同举办了一次电视诗歌晚会，获得了很大成功。希尼在1972年的伦敦诗歌大会上第一次见到布罗茨基，他后来说，布罗茨基的到场“在他的生活中产生了强烈的效果”，在后来的交往中，他们都感觉到彼此是

“潜在的志同道合者”。沃尔科特更是布罗茨基的好朋友，在布罗茨基的散文集《小于一》中，就有一篇评论沃尔科特的文章《潮汐的声音》（1983）；在沃尔科特获得诺贝尔文学奖时，世界各大媒体在所报道的消息中几乎都引用了布罗茨基关于沃尔科特的一句话：“当今最好的英语诗人。”布罗茨基在当时接受采访的时候还承认：“他是这二十年里我的说英语的朋友中与我最亲近的一位。”

这些大师级诗人之间的友谊，从小处看，无疑有利于他们获得包括诺贝尔奖在内的各种文学奖。据说，在诺贝尔奖的评选中，往届得主的意见是颇受重视的，可以想象，面对能助朋友一臂之力的良机，面对与其他文学体裁的竞争，布罗茨基和他的诗友们都是会不遗余力的。不能说，他们将诺贝尔奖当成了自己的“诗人车间”或“专营店”，但至少可以说，他们能对诺贝尔奖评委会施加很大的影响。在这一方面，布罗茨基既是受益者，也是施与者。从大处看，布罗茨基及其诗友们的活动，也有利于世界诗歌。他们借助诺贝尔文学奖强大的辐射力，将自己的诗歌美学散布给全世界，在一定程度上抑制了大众文化的泛滥，对人类的美学趣味也有所矫正，从而对诗歌传统的延续和诗歌文化的繁荣作出了自己的贡献。在20世纪的最后二十年里，即便没有诺贝尔文学奖，世界文学仍然会存在；但如果没有了这些“诺贝尔诗人”，当代世界诗歌的命运就很值得担忧了。

第十三章

文明的孩子

1977年，纽约的一家出版社出版了一本英文版的曼德尔施塔姆诗集，布罗茨基为这部诗集写了序言，这就是后来被收入文集《小于一》中的《文明的孩子》一文。在20世纪后半期的诗人中，布罗茨基较早对曼德尔施塔姆予以关注，并大胆地断言后者是“本世纪最伟大的俄国诗人”。这是因为，他比别人更深刻地理解了曼德尔施塔姆，他无疑拿到了勃留索夫所言的“开启诗歌秘密的钥匙”，打开了曼德尔施塔姆那片尘封的诗歌世界。

布罗茨基称曼德尔施塔姆为“文明的孩子”，至少有这么几层意思：首先，曼德尔施塔姆对世界文化抱有深厚的感情，当有人问他“什么是阿克梅主义”的时候，曼德尔施塔姆曾回答：“就是对世界文化的眷恋。”他对阿克梅主义所下的这个定义，同时也是关于诗歌的定义，甚至也是关于他本人的定义，因此，他不仅是一般意义上的“文明人”，“他更是一个献身文明的和属于文明的诗人”；其次，曼德尔施塔姆的诗的源头是世界文明，反过来，“他又对赐予他灵感的东西作出了贡献”，他源于文明，是文明的受惠者，同时，他又对文明作出了自己的贡献，成为文明的一个创造者，“在本世纪，他或许比任何人都更有资格被称为属于文明的诗人”；最后，曼德尔施塔姆的悲剧性遭遇，似乎也是世界文化之当代命运的一种象征，文化与政治、与大工业社会的冲突，文明与所谓“现代文明”的抵触，在曼德尔施塔姆身上得到了较为典型的体现。在布罗茨基看来，曼德尔施塔姆的悲剧，并非由于某一首反对斯大林的诗作，而是因为他那由独特的诗学和美学所决定并铸就的个性，必然会与现实发生冲突，作为文化和文明的牺牲，他的悲剧注定是不可避免的，所以说，“他的生和他的死，均是这一文明的结果”。

如果从这几个角度来看，布罗茨基自己也同样可以被称为“文明的孩子”。他之所以成了曼德尔施塔姆的“后代里的读者”，并不仅仅是因为他和曼德尔施塔姆拥有共同的种族、故乡和语言，更因为共同的诗学，共同的对世界文化的情感。

布罗茨基心目中的诗是很神圣的。他认为，人的生命受时间的局限，是注定要终结的，但人的创造却可能是不朽的。在人的所有创造中，语言是最具有永恒意义的，它是过去和未来的连接。而诗是语言的艺术，是“话语的部分”，也是语言最有序、最合理的组合，即最高的语言。诗的有韵、有序的构成，最易于记忆，诗与人的记忆相遇，于是便实现着人类文化的延续和积淀。语言→诗→记忆→时间→文化→文明——这就是布罗茨基给出的诗学公式。诗人以诗对文明作出自己的贡献，同时赢得自己的不朽。布罗茨基说过：“当撰写者早就化作一把尘土之后很久，那些书籍还常常布满灰尘地待在书架上。……正是对这种死后未来世界的追求，才驱使一个人拿起笔来写些什么。”布罗茨基坚信，诗人能超越其生命的极限，存活在自己的诗歌中，并通过他的诗活在后代之中。这既是诗人进行创作的原始动机，又是诗人存在的最终意义。诗对于布罗茨基和对于曼德尔施塔姆一样，是情感的“容器”，是“记忆的载体”，它既是一条通向文明遗产的“时光隧道”，又是在时间的长城上凿出的一眼面对未来的洞口。诗因此是神圣的，诗人因而是肩负着文化使命的。

布罗茨基对诗的忠诚和崇拜令人感动。在他生命的最后几年中，他常常坐在纽约他那间总是烟雾缭绕的书房中，面对着书本作沉思状。他那雕塑般的坐姿，与窗外时髦的现代生活形成了一个鲜明的对比。这个姿势，也使我们联想到了诗人之角色的历史演变。

人类历史上最早的诗人，应该是领袖式的人物，是那种在劳动或宗教活动中起带头作用的人。到了有文字记载的年代，诗人更在人类文化和文明的进化史中扮演了十分荣耀的角色。翻开各民族的文学史，其发端处站立的大多是一位诗人，文学往往就是从诗和诗人开始的。文艺复兴时代，以但丁、彼特拉克、莎士比亚为代表的诗人，高举人文主义的旗帜，完成了人类历史上最伟大的文化变革。欧洲的浪漫主义文学时代，主要是一个诗歌的时代，歌德和海涅，拜伦和雪莱，雨果和夏多布里昂，普希金和莱蒙托夫，这些大诗人都对本民族近现代文学的发展产生了重大的影响，至少在欧洲，诗人和诗歌对民族文化和社会思潮向来有着强大的左右能力，这一传统一直持续到20世纪。就是在以现代派文学为主潮的20世纪文学中，从象征派到意象派，从具体诗到朦胧诗，从楼梯式到嚎叫式，从波普诗歌到自动写作，诗歌仍掀起了一阵又一阵热潮。

然而，到了20世纪末，诗歌却又遭遇了一个世界性的危机，诗人们普遍地有一种失落感，柏拉图要驱逐诗人的“理想”似乎快要实现了。今天，如果说，柏拉图的第一个理由，即“诗不真实”的理由还成立的话，那么，他关于诗“伤风败俗”的论据则完全失去了意义，因为，诗之“失宠”，恰好在于它难以适应目前流行全球的大众化、消费性的美学趣味。面对科学的理性，商业的功利，现代传媒的诱惑，诗越来越窘迫了。一个诗人是难以回答一个市民的“诗值几多钱”这样的问题的。

正是在这样的时代背景下，布罗茨基挺身而出，捍卫诗歌。他开启了曼德尔施塔姆遗赠的诗歌漂流瓶，将诗与文化、与人类的文明相联系，确立诗的文化历史意义，肯定诗人在文明进程中的作用和使命。他在世纪之末所持的这一态度令人感动，同时，他的这一态度也是我们理解他的诗歌观念和他的诗歌创作的一把钥匙。

阿基米德说：“给我一个支点，我就能撬起地球。”对于布罗茨基来说，诗就是这样一个支点，而他利用这个支点来举升的，不仅是地球，还包括地球上的文明。

真正的诗人都是“文明的孩子”。

第十四章
桂冠诗人

1991年，布罗茨基被推举为美国“桂冠诗人”。

在英国，“桂冠诗人”的称号由来已久，早在1618年（也有说是1616年或1619年），诗人和剧作家本·琼森就被英国国王詹姆士一世任命为“桂冠诗人”，他每年能获得八百盎司的黄金和一大桶西班牙葡萄美酒，但也有义务为皇室成员和重大仪式撰写颂歌。美国没有国王和皇室，也就一直没有“桂冠诗人”，但到了1985年，美国国会图书馆却仿效英国的做法，开始推选本国的“桂冠诗人”，不过推选人不是国王而是国会图书馆的馆长，每年的酬金也只有三万五千美元。布罗茨基是第五位获此称号的美国诗人，在他之前的四位“桂冠诗人”是：罗伯特·佩恩·沃伦、理查德·维尔伯、霍华德·涅梅罗夫和马克·斯特兰德。就在世界诗坛的影响而言，这四位诗人似乎都比不上布罗茨基，他们也大都将“桂冠诗人”的身份当成了一个荣誉性的称号，而一向举止随意的布罗茨基，这一次却很当真，他毅然辞去了大学里报酬更为优厚的教职，一年中有一半的时间住在华盛顿，在国会图书馆为他辟出的那间办公室里“办公”。

在那间阳台正对着国会大厦的办公室里，布罗茨基一边抽烟（图书馆禁止吸烟，他只有躲在自己的办公室里才能抽上几口），一边处理着他的“事务”：接受图书馆读者的咨询，给世界各地的诗歌读者回信，准备各种场合的讲话稿，等等。他一直在思考，如何利用这个“桂冠诗人”的头衔为诗歌做点事情。终于，他做出了一个具有一定轰动效果的举动。

1991 年 10 月，在“上任”五个月之后，布罗茨基在国会图书馆作了一次演讲，题目为《一个不谦虚的建议》。这个题目本身就是一个用典，它取自英国作家斯威夫特写于 1729 年的政论文章《一个使爱尔兰穷孩子不致成为父母负担的谦虚建议》。斯威夫特在那篇文章中用讽刺的口吻写道：应该提倡人吃人，让爱尔兰人把自己的孩子都吃掉，这样就可以减少人口，增加粮食储备，摆脱灾年的饥饿和贫穷。斯威夫特的“谦虚建议”无疑是荒诞的，实际上是对现实的尖锐抨击；而布罗茨基的“不谦虚建议”却是严肃、真诚的。布罗茨基的“建议”和斯威夫特的一样，也是针对饥饿和贫穷的，但它针对的却是智慧的饥饿和精神的贫穷。

在这次演讲中，布罗茨基重复了他在接受诺贝尔文学奖时所说的一些话：诗歌是人类最宝贵的文化遗产；诗歌在人类中一直拥有大约百分之一的读者；诗歌的中心过去是皇宫，如今是大学。接着，布罗茨基话锋一转，谈起了美国诗歌的现状。若以百分之一的诗歌读者比例来计算，一本诗集在美国应该有二百五十万册的销量，但事实上，诗集在美国的印数却大都只在两千册至一万册之间。布罗茨基认为这是一个不正常的现象，而且会影响到民族的文化趣味。他指出："既然我们如今全都识字，那么，每个人都是潜在的诗歌读者。图书销售商应该关注的恰好是这样一个推论，而不是什么封闭性的需求原则。在文化方面，不是需求决定供给，而是相反。你们阅读但丁，是因为他写出了《神曲》，而不是因为突然感觉到了对但丁的需求。"美国有着大规模生产、销售的经验和基础，"我不明白，我们为汽车所做的那些事情，为什么不同样用在诗集上呢，而诗集也同样可以把我们带向远方。也许，我们并不想走得太远？"即便是从纯粹经济学的角度来看，销售诗集也可以带来可观的税收，创造更多的就业机会。当然，出书会导致森林的减少，"但是我认为，一棵树若是面临这样一种选择——是成为一本诗集还是成为一摞办公用纸，也许，它是会倾向于前者的"。因此，布罗茨基推出了他的如下"建议"：

> 我想指出，在当今这个时代，仰仗并不昂贵的技术，存在着这样一种可能性，即把这个国家改造成一个具有高

度文化的民主国家。这种可能性值得去利用一下，趁音像还没有取代文字。

我的建议首先从诗歌开始，这不仅仅因为，这一方式在一定程度上反映了文明的发展，因为歌是先于故事而存在的，而且还因为，这种方式要更便宜一些。十来本书就会是一个完全合适的开始。而十来本诗集的价钱，哪怕就按现在的价格来计算，也只是一台电视机价格的四分之一。这些书仍然滞留在书店里，不是由于缺乏阅读诗歌的兴趣，而是由于缺乏去满足这种兴趣的可能性。在我看来，书籍应该送货上门，应该将书籍列入公共服务项目，就像用电和牛奶在英国那样，只收取最低的价格。此外，诗歌还可以摆到药店里去，这并不是一个下策，因为这能减少治疗精神疾病的开支。最后，一部美国诗歌选集还可以出现在每家宾馆每个房间的床头柜上，和《圣经》摆在一起，《圣经》也许不会反对与诗集做邻居，既然它并不反对与电话号码簿待在一起。

布罗茨基还建议，把诗集投放到美国的各大超市里去，挤走那里的侦探小说和实用图书。最后，他将自己的身份和建议联系了起来：

正如我前面说过的那样，我倾向于把这份工作看成一项公众服务事业，应该指出，我拿着国会图书馆的工资，这样一个事实已经固定在了我的意识中。也许，我把自己想象成了一名特殊的主治医生，正在往一本本香烟盒似的诗集上贴标签，那标签上似乎写着这样的字样：“如此行事有害民族健康。”我们还活着，这个事实并不意味着我们没有患病。

每册定价为两美元的五千万册美国诗歌选集，在一个人口为两亿五千万的国家里是能够卖完的。不是一下子，而是逐渐卖完的，十年或更长的时间过后，还有人在买。书籍总能找到自己的读者。如果没人来买，也没什么，就让它们躺在不远的地方，落满尘土，逐渐腐烂、分解。总能遇到一个孩子，他能从一堆垃圾中抽出一本书来。我曾经就是这样一个孩子；也许，你们中间的某人也曾经是这样一个孩子。

乐观中渗透着某种无奈，失望里也带有一些信心。像布罗茨基一贯的风格，他的这个“建议”中也不无调侃、不乏讽刺，但是，他对诗歌的鼓吹却是真诚的，他也非常不愿别人拿他的“建议”当玩笑。

在布罗茨基的这次演讲之后，尤其是当演讲稿在 1991 年 11 月 11 日的《新共和报》上刊登之后，社会各界的反响很是热烈，各大媒体都对此作了报道。归纳起来看，意见大致为如下几种：一是为布罗茨基的好意和创意喝彩，但认为实施起来有一定的难度；二是对布罗茨基的建议感到迷惑，难辨其真假；三是不屑一顾，认为布罗茨基是在“做秀”；四是认为布罗茨基体现出了俄国人身上的那种“马尼洛夫气质”，像果戈理笔下的主人公一样异想天开，在美的俄国侨民界大多持这种看法。但是，面对不解和误解，布罗茨基显得很坦然。1991 年 12 月 10 日，他在接受《纽约时报》的采访时说道：在“桂冠诗人”岗位上所做的“诗歌启蒙活动”，是他对美国的“回报”，他借此报答了美国为他所做的一切。我们则认为，这个举动更是布罗茨基对诗歌之忠诚的又一次体现，他像雪莱等前辈一样，不放过任何一个“为诗一辩”的机会，于是，全美“桂冠诗人”的位置就被布罗茨基当成了一个展示自我的舞台，一个宣传诗歌的讲坛。

当然，布罗茨基的“建议”也并不是完全没有结果的。哥伦比亚大学的一位学生在了解到了布罗茨基的“建议”后，与诗人取得了联系，随后，两人联名注册成立了一个名为“美国诗歌和阅读计划”的机构，负责在全美推广诗歌。该“计划”很快就得到了很多赞助，有捐款的，也有直接捐书的。布罗茨基也经常在各地举办朗诵会，所得收入也用于该“计划”。在他们的努力下，从 1994 年起，数万册诗集摆到了美国数百家旅店的床头柜上。据说，常有客人将那些诗集顺手牵羊地带走，布罗茨基听说后只淡淡一笑，或许，这正符合他的本意。

另一个结果也许是间接的。自 1992 年开始，在布罗茨基常住的城市纽约兴起了一场公益性的诗歌活动，该活动被命名为“运动中的诗歌”，组织者在纽约的地铁和公交车上张贴诗歌，并定期更换，被张贴出来的多为一些短小的抒情诗，或是一首诗中的几句，乘客可以在很短的时间里读完甚至记下那些诗句。于是，但丁、彼特拉克、惠特曼、狄金森、弗罗斯特、洛尔迦、阿赫马托娃、毕肖普、米沃什，自然还有布罗茨基，便连续不断地亮相在纽约的公共交通工具上。1994 年 10 月 21 日的《纽约时报》曾刊出一篇长文，介绍这场诗歌活动，文中谈到了与布罗茨基诗歌有关的一段花絮：纽约的一名警官在读了布罗茨基的两句诗后，百思不得其解；他一开始认为那是写警察的，在了解到了布罗茨基的身世后，他又认定那是诗人对专制君主所说的话，最后，他直接给布罗茨基打了一个问询电话，布罗茨基告诉他，这更像是一个诗人对另一个诗人所说的话。布罗茨基的那两句诗是这样的：

> 先生，你不死，我也不死，
> 那谁来给谁写悼词？

不知布罗茨基在接电话时是否有知音难遇之感，但这位全美“桂冠诗人”是应该为诗歌在纽约城的“普及”而感到高兴的。

第十五章

精神韵脚

在《诺贝尔演说》中，布罗茨基心怀感激地提到了他的五位诗歌导师，除了其中的三名俄语诗人曼德尔施塔姆、茨维塔耶娃和阿赫马托娃外，还有两名英语诗人，即奥登和弗罗斯特。考虑到布罗茨基的“俄语诗人”身份，他对英语诗人奥登和弗罗斯特的推崇就更显得意味深长了。

罗伯特·弗罗斯特（1874—1963）是美国最著名的诗人之一，自 1912 年在伦敦出版第一部诗集《少年的意志》之后，他就一直是英语诗歌中的标志性人物，后来陆续出版的诗集，如《波士顿以北》（1914）、《山间》（1916）、《新罕布什尔》（1924）、《西去的溪流》（1924）、《又一片牧场》（1936）、《山外青山》(1937)、《理智的假面具》(1945)、《慈悲的假面具》(1947)和《林间空地》(1962)等，都赢得了读者和批评家的喜爱。弗罗斯特的诗歌形式简洁，语言朴实，通过对自然景物细腻亲切的描写，来传达出诗人对自然和人生的深刻感受和认识。作为一个最具“美国乡土气息”的诗人，弗罗斯特获得了很高的评价和众多的荣誉：他先后四次获得普利策诗歌奖，被几十所大学授予名誉学位或称号；在他过生日的时候，美国国会曾通过了向他致敬的决议；他曾被邀请在肯尼迪总统的就职典礼上朗诵诗歌。

在布罗茨基开始诗歌创作后不久，弗罗斯特就去世了，因此，弗罗斯特对布罗茨基的影响更多是文学史意义上的，然而，这种影响却是决定性的。布罗茨基后来在答记者问的时候，曾说过这样一段话：

> 我第一次接触罗伯特·弗罗斯特的作品是在我二十二岁那一年。我从一些朋友那里借来他的一些诗作，朋友之间总是要互通有无的，可那些诗作只是一些零散的译作。弗罗斯特的敏感，他婉约的风格，潜在的、被克制的恐惧完全将我征服了。我简直不敢相信我读到的作品。……我对诗歌的了解就是从弗罗斯特开始的。

威斯坦·休·奥登(1907—1973)出生在英国的约克郡，曾在牛津大学学习，毕业后赴德国攻读德国文学，1946年，奥登入了美国籍，但晚年他的常住地却是奥地利维也纳的郊外，最后也是在那里去世的。诗人的姓氏后来被用来命名了他居住过的那个山村。奥登虽然加入了美国国籍，但他还是一直被视为继叶芝和艾略特之后最重要的英国诗人。早在20世纪30年代，他就成了英国“新诗”的代表，成为所谓“奥登诗派”的领袖。第二次世界大战之前，他作为著名的左翼艺术家到过西班牙和中国，声援两国人民的反法西斯斗争。战后，奥登皈依了基督教，思想倾向右转，晚年的诗歌也染上了浓厚的宗教色彩。

如果说布罗茨基与弗罗斯特的关系还是“间接的”“书面的”，那么，他与奥登的交往却是直接的、实在的。1972年，在西方世界举目无亲的布罗茨基，得到了奥登无私的帮助。一方面，是奥登将布罗茨基领进了西方诗歌世界的大门，奥登是布罗茨基命运中真正意义上的“恩人”。另一方面，晚年奥登对世界所持的悲观立场和冷静态度，他对诗人的神圣使命的捍卫，他对诗歌张力的追求，都很符合布罗茨基的诗歌理想，也许因此，布罗茨基才将奥登称为“20世纪最伟大的英语诗人”。

在布罗茨基的两部散文集《小于一》（1986）和《悲伤与理智》（1997）中，各有一篇诗歌赏析性的文章，分别讨论了奥登的《一九三九年九月一日》、弗罗斯特的《步入》和《家葬》。严格地说，这是两份讲稿，前者是布罗茨基在哥伦比亚大学艺术学院写作班就现代抒情诗歌所作的讲座，后者系布罗茨基在巴黎国际哲学学院一个诗歌研讨班上的演讲。这两篇文章，集中地体现了布罗茨基对他这两位英语诗歌导师的理解和评价。

《一九三九年九月一日》是奥登的一首抒情诗，诗中所表达的是诗人对世界大战爆发前夕国际现实的认识，其中含有对包括自我在内的整个世界的失望以及抨击。全诗共九节九十九行，作为一首抒情诗来说篇幅是很长的，但是布罗茨基的分析文章更长，长达数十页，约合中文四万字。全文分为十节，除开头一节的开场白外，每一节文字分别探讨奥登诗作的每一诗节，我们猜想，这每一小节的分析大约就是一次授课的内容。在讲课的一开始，布罗茨基就告诉学生（以及所有的听众和读者）：对一首诗进行逐字逐句的讨论，有可能显得很乏味，但这样做却能使我们获得一个很好的机会，以便了解一些有关作者的情况，同时也了解一下一首抒情诗作的谋篇布局；每一件艺术作品，从一首诗作到一座教堂，都显然是作者的自画像，而抒情诗中的主人公，往往就是作者的自我投影；奥登这首脍炙人口的诗作，是他对自己所处世纪的批评，同时也是一种自我批评，正是这一点使他的声音具有了一种抒情的平衡；我们将检验此诗的语言内涵，因为词汇正是区分不同作家的东西；我们还将关注诗人表达出来的思想以及他的韵律体系，因为后者为前者提供了一种必然的感觉；我们还将透彻地分析奥登的讽刺，以便使你们意识到，这种轻盈的触及就是一种最深刻的绝望之标志。总之，希望在讲座结束的时候，你们能够对这首诗产生出与其作者写作时所怀有的同样情感——即一种爱。

从这里的“说明”不难看出，布罗茨基为自己和听者制订了一个多么复杂、艰巨的计划。但是接下来，他却举重若轻、从容不迫地娓娓道来，将奥登的一首诗翻来覆去地剖析了一番。布罗茨基的分析可能是由点及面的，也可能是细致入微的，请看这里的两个例子。

在分析第三诗节时，布罗茨基在“那习惯性的疼痛，/管理不善以及悲伤”这两行诗中竟窥见了奥登完整的创作历史：

> 然而，这一连串的术语还有一个更含蓄的原因，因为《一九三九年九月一日》对于奥登来说是一首过渡性的诗作；也就是说，你们所知道的我们这位诗人创作上所谓的三个阶段，即弗洛伊德主义阶段、马克思主义阶段和宗教阶段，在短短的两行中就体现了出来。因为，“那习惯性的疼痛”显然可以追溯到那位维也纳医生那里，“管理不善”可以追溯到政治经济学，而单音节的“悲伤”作为这串术语的结果，不，作为其顶点，则直接取自英王詹姆士一世钦定的《圣经》，它同时也表明了我们这位诗人真正的走向。这一走向的原因，那“悲伤”所预示的第三阶段，即宗教阶段出现的原因，对于这位诗人而言，既是个人的，又是历史的。

在分析第六诗节时，布罗茨基独具慧眼地看出了奥登诗中藏着的一个暗韵：“他为爱找到了一个新的韵脚：他用‘爱’（love）去与‘佳吉列夫’（Diaghilev）押韵！”奥登在这一节里写到了俄国芭蕾舞编导佳吉列夫和芭蕾舞演员尼任斯基之间畸形的爱情，布罗茨基自然要对这段风流韵事加以介绍，但他更关注的，却是诗里细微之处的一对韵脚：

我敢断言，对这个韵他考虑了很久。问题在于，如果“爱”出现在“佳吉列夫”之前，事情就要好办一些了。可内容还是强迫诗人先写到了“佳吉列夫”，这便带来一些问题。问题之一就是，这是一个外国姓氏，读者会读错它的重音。于是，在重音规范的“疯子尼任斯基关于”一句之后，奥登就给出了非常短小、简约的一行：“佳吉列夫所写的一切。”除了节奏的规范之外，这里的前一行还就一个外国姓氏出现的可能性向读者做了提醒，并允许读者随意处置重音。这种自由为下一行扬抑格的武断铺平了道路，在后一行里，“佳吉列夫”实际上没有了重音。于是，读者便可以将重音放在最后一个音节上，这正合作者的意，因为“列夫”（lev）和“爱”（love）正好押韵：还能有比这更好的韵脚吗？

布罗茨基在为奥登的巧妙而叫绝，而我们，也不禁要为布罗茨基的发现而叫绝。接下来，布罗茨基仍在继续纠缠奥登的音韵处理方式，最后连他自己都承认，“这一韵律方案的含义，深邃得足以让你们晕眩”。

布罗茨基把他谈论弗罗斯特一文的题目用作其第二部散文集的书名，由此可见他对这篇文章的重视。在谈到弗罗斯特时，也许因为听众并非都是英美人，布罗茨基对弗罗斯特的身世做了一些介绍，但是，其演讲中的主要内容还是对弗罗斯特作品的细致分析。他以《步入》和《家葬》这两首诗为对象，因为，“在《步入》中，我们得到了一位最佳抒情的弗罗斯特，而在《家葬》中，我们则得到了最佳叙事的他”。在分析弗罗斯特的自然诗时，布罗茨基写道：“对于这位诗人来说，大自然既不是朋友也不是敌人，更不是人类戏剧的背景；这是这位诗人令人恐怖的自画像。”在如歌如画的《步入》一诗中，布罗茨基读出的却是深刻的忧伤，他甚至主张用“死亡”来置换“步入”的标题。他进而申言：“这些阴暗并不完全是我自己的：是他诗行中的积淀使我的大脑黯淡了下来；换句话说我的黯淡是从他那里获得的。”

在对《家葬》一诗进行了一番更为细致、具体的分析之后，布罗茨基得出了这样的结论：

> 那么，在这首诗中，在这首最具他个性特征的诗中，他探讨的究竟是什么呢？我认为，他探讨的就是悲伤与理智，在双方相互伤害的时候，悲伤与理智就是语言最有效的燃料，或者说，就是诗歌取之不竭的墨水。弗罗斯特处处依赖它们，这几乎会使你们感觉到他去蘸这瓶里的墨水，就是为了降低这墨水瓶的液面；你们会发现，他获得了一些既得利益。然而，墨水蘸得越多，黑色的存在感觉就出现得越频，人的大脑和人的指头一样，也会更经常地被这种液体弄脏。因为，悲伤越多理智也就越多。人们可能会试着站到《家葬》中的某一边去，但叙述者的出现却

排除了这种可能性，当两个人物各自代表着悲伤与理智的时候，叙述者却代表着他们的融合。不同的是，当男女主人公的真实联盟开始瓦解的时候，故事本身却让悲伤与理智联姻了，因为在这里，叙述的线索取代了个性的发展，至少，对于读者来说是这样的。也许，对于作者来说也是这样的。换句话说，这首诗就是在演出一种命运。

布罗茨基对奥登和弗罗斯特的解读，是对学生和听众的指点，也是布罗茨基自己的语言实践；这是他对前辈诗人表示敬意的一种方式，也是他努力在英语诗歌中谋求发言权的刻苦尝试。布罗茨基的解读，是诗人对诗人的评说，这就决定了：首先，这是一个内行人的话语，发言者在评说中掺入了自己的写作经验，感同身受，解释起来自然就显得游刃有余，别有见地。其次，解读他人其实就是在阐释自己，布罗茨基的言说也体现了他自己对诗歌的理解。在布罗茨基的这两篇文章中，他关于两位诗人的评论固然为我们所关注，但我们更关注的，却是他在字里行间流露出的关于诗歌的真知灼见。谈起诗歌，布罗茨基似乎永远是妙语连珠的，请看他的这些说法："每一首诗都是一部语言的古籍。""对于一个诗人来说，词以及词的发音方式比思想和信念还要重要。""帝国的统一不是借助政治或军事的力量实现的，而是借助语言的力量实现的。""每一位诗人都是语言的历史学家。""任何一种描写都是对对象的外化：为了看得清楚而走开几步。""你们用不着去解剖一只鸟以发现其歌声的来源：应该解剖的是你们的耳朵。”（以上引自《析奥登的〈一九三九年九月一日〉》）“你们知道，一只鸟常常就是一位行吟诗人，因为从技术上讲，两者都是会歌唱的。”“诗歌就是一位出身名门的贵妇人，每一个词实际上都附着着典故和联想。”“诗人的大脑能同时扮演入侵的军队和被入侵的领土。”“独白就是一个人和自己的争论；比如，‘生存还是毁灭……’这就是诗人常常会去写剧本的原因。”（以上引自《悲伤与理智》）布罗茨基在分析奥登的诗作时说道：“另一方面，一首诗当然也就是一次演说。”反过来也可以说，布罗茨基的演说也常常就是一首诗。

在分析奥登那篇诗作第五行上“虚伪的十年”（dishonest decade）这一搭配时，布罗茨基建议大家注意其中所包含的警句性质，因为，“由于相同的重音位置和相同的起首辅音，‘虚伪的’构成了‘十年’的一种精神韵脚”。我们可以把布罗茨基的这个说法放大，布罗茨基对两位英语诗人的推崇和解读，本身似乎也构成了一种“精神韵脚”，它象征着布罗茨基对奥登和弗罗斯特诗歌艺术的折服，也折射出了他和他们在诗歌美学方面的某种吻合。

第十六章

布罗茨基诗群

布罗茨基开始诗歌创作的年代，是一个奇特的文学时代：一方面，社会的意识形态控制相当强，不允许文学有太多的自由天地：另一方面，文学却似乎又成了唯一的个性表达工具。因此，当时的“文学青年”大量涌现，而且，他们中的许多人，用布罗茨基的话来说，“为了文学可以牺牲一切”，因为文学就是他们“第一的和唯一的现实”。

就是怀着对文学的这份忠诚，布罗茨基走近诗歌，成了阿赫马托娃的“孩子”之一。除了布罗茨基外，那个小团体里还有三个青年，即莱茵、奈曼和博贝舍夫，他们都比布罗茨基年长几岁，都是列宁格勒工学院的大学生。阿纳托利·奈曼生于1936年，他曾担任阿赫马托娃的文学秘书，在20世纪60年代还与阿赫马托娃一起翻译过意大利诗人莱奥帕尔迪的诗歌。他后来在美国出版了两部诗集《诗选》（1989）和《世纪末的云》（1993），他在俄罗斯出版的三部回忆录《阿赫马托娃的故事》（1989）、《诗歌和谎言》（1994）和《几代无名之辈的风光结局》（1997），也都引起了广泛的关注。德米特里·博贝舍夫同样生于1936年，1979年，他的第一部诗集《元音连读》在巴黎出版，同年，诗人离开苏联移居美国，以工程师为业，但一直没有放弃诗歌创作。

在这个诗人小组中，当时对布罗茨基影响最大、后来的诗歌创作成就也更高一些的，要数莱茵。叶夫盖尼·莱茵生于1935年，1959年大学毕业后曾在工厂和地质队里当过工程师。他从1962年就开始发表诗作，但直到20世纪80年代中期才得以出版诗集，相继出版了《桥的名字》（1984）、《镜子的黑暗》（1990）、《逆时针》（1991）、《预言》（1995）等诗集。他的诗形式严谨，色调古朴，被认为是彼得堡诗歌中“阿克梅传统”的延续。有人评价说，他的诗似乎泛着一层青铜的光泽。1996年，他获得俄罗斯联邦国家文学奖。

当年，莱茵把布罗茨基当成小弟弟，把他领到了阿赫马托娃的身边，还经常与他一起切磋诗艺。后来有一次在接受记者采访的时候，布罗茨基曾温暖地回忆起他与莱茵的交往：

> 那时我有几个朋友，也就是后来被称为“彼得堡小

组”的那几个人，他们在我后来的生活中产生过举足轻重的影响。我们一共是四个人，其中的一位，我至今都认为他是俄国最杰出的诗人。他名叫叶夫盖尼·莱茵，他的姓氏取自莱茵河。他教给了我很多写诗的秘诀。也不只是他教。我读他的诗，他读我的诗，然后我们坐在一起坦诚地交换意见，似乎我们都已经是行家里手了。他知道的比我要多，因为他比我大五岁。在那个年纪上，小上五岁，见识也就差远了。有一次他对我说：要写好诗，就必须把形容词压缩到最低限度；诗里填塞的名词越多越好，甚至连动词也是累赘。假如你在你写好的一首诗上蒙一块魔布，这张魔布能除去所有的形容词和动词，那么，揭开这块布后，纸上就只应该剩下密密麻麻的名词了。这番话我后来对我遇到的每一个诗人都提起过。我汲取了这个经验，虽然没有那种宗教般的虔诚。我应该承认，这使我受益匪浅。

读一读布罗茨基当时的诗作，不能不说莱茵的“指点”的确发挥了很大作用。布罗茨基对莱茵也一直心怀感激，1992 年，“第三浪潮”出版社出版了莱茵的一部诗选，布罗茨基为诗集写了序。1988 年，布罗茨基将莱茵请到了美国，虽然他俩后来在不同场合又多次见面，但莱茵仍然对这次阔别十六年后的重逢记忆犹新，在回忆录性质的《我的那一本〈乌拉尼娅〉》一文的末尾，莱茵充满感情地写道：

就这样，是在1988年10月4日（布罗茨基在赠给莱茵的诗集上标明的日期——本书作者按）。在这之后，布罗茨基又活了七年半，又出版了两本散文集，好几部诗集，还获得了荣誉军团勋章、佛罗伦萨奖和许多大学的名誉称号。他还遇到了玛丽娅，生活中有了一场巨大的、幸福的、我想也是最后的爱情。他还成了小安娜的父亲。我们还在纽约、波士顿、鹿特丹、阿姆斯特丹和威尼斯等地见了面。

然后，就是最后一面，在布里克街的灵堂里。在大厅的门就要被关上的时候，我放慢了脚步，于是，我们两人单独在一起又多待了几分钟。

流亡之后，置身于一个陌生的文化和生存环境的布罗茨基，自然会更珍重诗歌方面的知音，更珍重与这些他乡知音的友谊。布罗茨基长期在美国的大学里执教，广泛结交了英美的文学人士，作为一位著名诗人，他早已融入美国的主流文化圈，但是，他最亲密的诗歌圈子仍然是由几个与他具有相同经历的流亡诗人构成的，而在这些人中，他最看重的可能就是洛谢夫和温茨洛瓦。

列夫·洛谢夫生于1937年，他原姓里夫希茨，但他父亲为他取了“洛谢夫”这个笔名，因为他父亲是一个著名诗人，看到儿子也喜欢写诗，于是就为儿子改了姓，以免将来的读者会为俄国诗歌史中的“两个”里夫希茨而伤脑筋。1959年从列宁格勒大学毕业之后，洛谢夫当了几年的记者，走遍了苏联各地。洛谢夫和布罗茨基的经历很相似，他同样出生在列宁格勒，同样因为写诗而被视为异端，同样流亡美国，同样长期在美国的大学里教书。他1976年移居美国，三年之后在密歇根大学获得博士学位，1980年起一直在达特默斯学院任教授。洛谢夫很早就开始写诗，是一位杰出的俄语诗人，到美国之后又先后出版了好几部诗集，如《神奇的袭击》（1985）和《私人顾问》（1987）等，但是，在国际斯拉夫学界和国际诗歌界，他给人们留下的第一印象还是一位著名的学者和教授，布罗茨基的研究权威。早在布罗茨基获得诺贝尔文学奖之前的1986年，他就主编了《布罗茨基的诗学》一书，对布罗茨基的创作进行了全面的评价，就是在这本书里，出现了一篇题为《普希金与布罗茨基》的文章，将两个世纪的两位大诗人并列了起来。在这本论文集序言的开头，洛谢夫这样写道："在最近二十年的俄罗斯文化舞台上，约瑟夫·布罗茨基占据着一个特殊的位置——整个国家第一诗人的位置，而在这个国家里，诗歌又被视为一门最重要的艺术。"后来，洛谢夫又与人合编了《布罗茨基的诗学和美学》（1990）和《作品和岁月》（1998）两书，这两部先后在英国和俄罗斯出版的著作，都产生了广泛的影响。如果说所谓的"布罗茨基学"如今已经初具规模，那么，洛谢夫教授无疑就是其奠基人之一。

托马斯·温茨洛瓦1937年生于立陶宛，曾就读于维尔纽斯大学，他的父亲安托纳斯·温茨洛瓦也是一位著名诗人，曾获立陶宛"人民诗人"称号，得过斯大林文学奖，还曾担任立陶宛的文化部长和作家协会主席。但是，儿子继承了父亲的诗歌天赋，却没有继承父亲那种“官方诗人”的地位，相反，他却成了立陶宛乃至全苏联地下文学的重要代表之一。在他的第一部诗集《语言之歌》于20世纪70年代出版之后，官方便对他施加了越来越大的压力，终于促使他在1977年流亡美国。温茨洛瓦曾任耶鲁大学斯拉夫系教授，据说他精通九门语言，而立陶宛语、波兰语和俄语则同是他的“母语”，因此，他又被称为“三种文学的孩子”。1997年，美国西北大学出版社出版了温茨洛瓦的诗集《冬天的对话》，这是一部只收了三十首诗的诗集，可是，布罗茨基却为它撰写了一篇长达十二页的序言。在这篇题为《作为反抗现实之方式的诗歌》的序言中，布罗茨基不仅对诗歌与现实的关系作了思考，对温茨洛瓦的生平做了介绍，而且还全面地评价了温茨洛瓦的诗歌创作，并对他的诗歌风格做了这样的概括：

> 他的诗歌的抒情特质是坚实的，因为，作为一个诗人，他开始的地方正是常人放弃的地方，正是绝大多数诗人至多也只能求助于散文的地方：他开始于意识的深处，开始于最缺少欢乐的地方。温茨洛瓦的歌开始唱响的地点，就是通常可能失音的位置，就是气息的末尾，这时，内在的所有力量都已被耗尽。这一特征，构成了其诗歌罕见的道德价值，因为，一首诗的伦理焦点就在于其抒情方式，而不在于任何一种叙事因素。

可以被视为布罗茨基诗歌群体之一员的俄语诗人还有许多，他们都与布罗茨基保持着长期的友谊，比如：

娜塔丽娅·戈尔巴涅夫斯卡娅（1936 年生），她早在 20 世纪 60 年代就出版了数部诗集，如《失去的天堂》（1965）、《黑暗》（1966）和《木雕的天使》（1967）等，1975 年流亡国外后又出版了多部诗集，如《飞越雪封的边界》（1979）、《木头天使》（1982）、《何时何地》（1985）等，自 1983 年起，她出任巴黎俄侨文学杂志《大陆》的副主编。

亚历山大·库什涅尔（1936 年生），毕业于列宁格勒赫尔岑师范学院，曾参与地下文学刊物《句法》的创办，陆续出版的诗集有《最初的印象》（1962）、《夜巡》（1966）、《直接引语》（1975）、《白日梦》（1986）、《雪中的阿波罗》（1990）等十余部，他于 1996 年获得了俄罗斯联邦国家文学奖。布罗茨基曾称库什涅尔为“最伟大的俄语抒情诗人”，并说“库什涅尔诗歌的典型特征，就是其严谨的音调，那里没有歇斯底里，没有廉价的宣言，没有神经质的姿态”。

安德列·谢尔盖耶夫（1933 年生），20 世纪 60 至 70 年代是莫斯科地下诗歌的主要代表，1996 年，他的小说《集邮册》获得了俄语布克奖，在获奖小说出单行本的时候，谢尔盖耶夫将他写的回忆录《谈布罗茨基》附在书后，这篇回忆录记录了作者与布罗茨基的交往和友谊，并插入了布罗茨基不同时期写给谢尔盖耶夫的多封书信。

雅可夫·戈尔丁（1935 年生），在列宁格勒大学就读时就开始写诗，并经常在公开场合朗诵，1972 年出版了诗集《空间》，后来一度专心于历史小说的写作，近年又开始发表诗歌。戈尔丁曾去探望过流放中的布罗茨基，当时，布罗茨基还把自己的一幅油画自画像送给了戈尔丁。1991 年，戈尔丁主编了布罗茨基的一部诗集，书名为《丘陵》，其中收入的均为布罗茨基的长篇抒情诗，他在序言中写道："每一个大诗人都不仅会把独一无二的精神内容注入文学，还会将新的形式引入文学。"他认为，所谓的"大型抒情诗"就是布罗茨基在形式方面对俄语诗歌作出的新贡献。

尤里·库勃拉诺夫斯基（1947 年生），1970 年毕业于莫斯科大学，1976 年因在西方发表声援索尔仁尼琴的公开信《致我们大家》而受到监视，只能在教堂里当看门人，从此却在精神上倾向于东正教。1982 年他被迫流亡，而在此前一年，由布罗茨基主编的他的《诗选》在美国出版，他在巴黎出版的第二部诗集《最后的太阳》（1983）又是由布罗茨基作序的，他后来出版的诗集还有《痕迹》（1985）、《日食》（1989）等。布罗茨基认为，库勃拉诺夫斯基属于俄国诗歌中的感伤主义传统。

通过上面的简单介绍不难看出，布罗茨基置身于其中的这个诗歌群体中的每一位，都取得了很高的文学成就，都已经是当代俄语文学中举足轻重的人物。"布罗茨基诗群"的存在，使我们产生了这样几点感触：首先，布罗茨基并不是 20 世纪后半期俄语诗歌中一个孤立的现象，与他同时，在他周围，还活跃着另外一些富有天赋、对诗歌忠贞不渝的诗人，他们是那个时代文学的代表，而布罗茨基又是他们的代表，正是在这个意义上，人们才将布罗茨基视为20世纪后半期最杰出的俄语诗人，视为当代的普希金。其次，这个诗歌群体成员们之间的友谊是令人感动的，他们不仅时刻关注着彼此的诗歌创作，还时刻准备给每一位诗友以帮助。他们相互题诗作序，为朋友编诗集、写评论。当年，朋友们大都去探访过流放中的布罗茨基，后来，布罗茨基几乎邀请了他所有的朋友前去美国访问。在与本书作者的交谈中，洛谢夫和温茨诺瓦两位几乎言必称布罗茨基。他们之间的友谊，无疑首先来自对诗歌的挚爱，对诗歌的相近理解，而面对诗歌的责任感和使命感反过来又强化了他们彼此之间的友谊。而且，他们所处的时代，又是一个对于自由文学和个性诗人而言很严酷的时代，他们几乎都有过受害、流亡的经历，而患难之中的友情就愈显珍贵了。他们相互搀扶着行走在诗歌小道上的身影，构成了一座不朽的雕塑。最后，布罗茨基诗群以一种独特的方式延续了白银时代俄国诗歌的传统，而且，他们还将这一传统带到了世界各地，扩大了俄语诗歌的世界影响，并因此造就了俄语诗歌史上的“青铜时代”。

第十七章

布罗茨基的“矛盾”

布罗茨基曾在接受采访的时候自称，他在演说中发表的一系列意见“也许是不严密的，自相矛盾的”。瑞典皇家学院常务秘书在向布罗茨基颁奖时也说，布罗茨基醉心于发现关联，并用精辟的语言解释它们，而“这些关联常常是自相矛盾的”。在对布罗茨基的诗歌思想和美学观点进行整体性考察时，我们的确看到了一系列的“矛盾”。

布罗茨基与政治，也许是一个敏感的话题，因为，作为一位流亡诗人，布罗茨基自然会不时关注诗歌与政治的关系，这一关注甚至成了他诗歌观念中最主要的内容，因为布罗茨基遭禁、被囚、被逐、流亡直至获奖的经历，使得众多的批评家和读者很容易将他和他的创作贴上某种意识形态标签。其实，布罗茨基非常反感对他的这种有意或无意的“利用”。布罗茨基到西方后，并没有像大多数流亡作家那样立即对那里的一切大唱赞歌。相反，他像索尔仁尼琴等人一样，将西方社会中普遍存在的对文化的冷漠与专制社会中对个性的压抑相提并论，一同视为人类文化的大敌，并给予了同样的抨击。布罗茨基的政治，在大多数场合并非特指一种社会制度或某一个政府组织，而更多的是指一种凌驾于个性之上的东西，或是柏拉图所言的“专制”。

布罗茨基试图通过对诗歌与政治之关系的探讨，来肯定诗歌的地位和使命。首先，他强调诗歌与政治的不同以及诗歌相对于政治的独立，他曾调侃道：诗歌（poetry）与政治（politics）的相通之处仅在于字母“p”和字母“o”，再无他者。其次，他意识到了诗歌与政治的难以相容。在《第二自我》（1990）一文中，他写道：每一种社会形态，无论是民主制度、专制制度，还是神权制度、意识形态制度或官僚制度，都怀有一种欲缩小诗歌权威的本能愿望，因为诗歌除了能与国家构成竞争以外，还会对自己的个性、对国家的成就和道德安全、对国家的意义提出疑问，因此，在人类的童年过后，诗歌和诗人便常常是失宠的。最后，他竭力主张诗歌与政治的平等，并宣称诗歌较之于政治的优越：诗歌应该干涉政治，直到政治停止干涉诗歌；政治提倡集体和服从，诗歌则注重个性和自由，政治讲究稳定和重复，诗歌则倡导革新和创造，拒绝复制、拒绝重复的诗歌，永远是新鲜的明天，而政治则是陈旧的昨日。无论对于单个的人还是对于整个社会，诗歌都是唯一的道德保险装置，唯一的自我捍卫方式。正是在这个意义上，布罗茨基引出了陀思妥耶夫斯基和阿诺德的两句名言："美拯救世界"，"用诗歌代替信仰"。

就诗歌与政治的关系展开讨论，这本身就已经表明诗歌与政治有着某种瓜葛，诗歌因而也许是难以绝对独立的；为诗歌谋求崇高地位和使命的布罗茨基，却似乎恰恰是在使诗歌"政治化"。在他的意识和观念中，诗歌不是纯技巧的游戏，更不是什么可有可无的东西，而是关系到人生、关系到文明的一种存在方式。

布罗茨基是一位诗人，同时也是一位杰出的散文家，在对待诗歌和散文的态度上，他也表现出了某种矛盾性。像其他诗人一样，布罗茨基在诗歌与散文的等级划分上是抬举前者的，他断言：诗歌是语言存在的最高形式。在《诗人与散文》(1979)一文中，他精心地论述了诗歌较之于散文的优越：诗歌有着更为悠久的历史；诗人因其较少功利的创作态度而可能更接近于文学的本质；诗人能写散文，而散文作家却很少能写诗，诗人较少向散文作家学习，而散文作家却必须向诗人学习。在其他场合，布罗茨基还说过，诗歌是对语言的"俗套"和人类生活的"同义重复"的否定，因而比散文更有助于文化的积累和延续，更有助于个性的塑造和发展。

同样，像其他诗人一样，布罗茨基也不能不写散文。然而，与大多数诗人不同的是，布罗茨基的散文却写得非常出色。移居美国之后，尤其是从 20 世纪 70 年代末 80 年代初起，布罗茨基的各种散文作品不断出现在报刊上。也许，到了一个新的文化环境，他想更直接地表达自己的声音，也想让更多的人听到自己的声音；再者，以不是母语的另一种文字进行文学创作，写散文也许比写诗更容易一些。布罗茨基的散文有些是他先用俄语写成，然后和朋友一起翻译成英文，有些则是他直接用英文写作的。令人惊奇的是，布罗茨基这些以英文的形式出现的散文却在西方获得了巨大成功，甚至被视为“英文范本”，《小于一》曾获全美图书评论奖，《悲伤与理智》甚至名列畅销书排行榜。

布罗茨基推崇诗歌，但在他的创作中，散文却似乎赢得了与诗歌平起平坐的地位。布罗茨基是以诗歌获得诺贝尔文学奖的，是以诗人的身份享誉全球的，可人们却似乎在怀着更大的热情阅读他的散文。是诗人获得了一次无心插柳式的成功，还是命运和布罗茨基开了一个不大不小的玩笑？我们更愿意将布罗茨基对茨维塔耶娃由诗歌向散文的“转向”所说的那句话，反过来再用在他本人身上：散文不过是他的诗歌以另一种方式的继续。

布罗茨基是一个关注诗歌历史、关注诗歌同行之创作的诗人，对阿赫马托娃、茨维塔耶娃、曼德尔施塔姆、弗罗斯特、奥登等人，他都写过专门的评析文章，如《哀泣的缪斯》《诗人与散文》《文明的孩子》《悲伤与理智》《析奥登的〈一九三九年九月一日〉》等。在这些文章中，我们又感觉到了布罗茨基的一个矛盾：一方面，布罗茨基非常注重诗人对语言的处理，称每一位诗人都是语言的历史学家，他赞同华兹华斯关于“诗为最佳词语的最佳排列”的定义，认为诗人的使命就是用语言诉诸记忆，进而战胜时间和死亡，为人类文明的积淀作出贡献；另一方面，他却又继承了诗歌创作的灵感说，夸大诗人在写作过程中的被动性，他在不同的地方一次次地提醒我们：诗人是语言的工具。他写道：“只有诗人才永远清楚，平常语言中被称之为缪斯的东西，实质上就是语言的操纵，他清楚，语言不是他的工具，而他反倒是语言延续其存在的手段。”（《诺贝尔奖受奖演说》）“作家在很大程度上是语言的工具。”（《析奥登的〈一九三九年九月一日〉》）在布罗茨基看来，诗人写诗，是因为语言对他做出了某种暗示，真正的诗人，就是始终处在对语言的依赖状态中的人。布罗茨基将诗歌置于至上的高峰，却将其创造者——诗人赶下了山冈，让他们无可奈何地蜷缩在语言之树的阴影之下。这大约正源自他对语言的忠诚和迷信。

纵观布罗茨基的作品，我们可以发现它们也是纷繁的、多元的。有人认为他最突出的创作特征就是语言上的“巴罗克风格”。1975 至 1976 年间，布罗茨基以“话语的部分”为题写了一组诗，后来他又将这一题目用作他一部诗集的书名。在布罗茨基喜欢的这个词组里，我们能感觉到两重意思：一方面，他在规定其诗的性质，将它视为语言的一个有机的组成部分；另一方面，他也在暗示其诗的功能，希望它具有语言一样的包容性，它是保守的，又是民主的；是热忱的，又是冷漠的；是古典的，又是现代的。他的语言句式严谨，甚至显得有些雕琢。而与此同时，他的语言又是开放的，什么样的词汇都敢使用，从最古老的《圣经》语言到最现代化的科学词汇，从传统的诗语雅词到当代的大众口语，从学究才用的冷僻字眼到街头的脏话。他甚至毫无忌讳地在创作中引入“他人的声音”，“用他人的乐器演奏”自己的曲子，体现出一种颇具后现代色彩的语言民主化特征。在传统和现代的交接处，布罗茨基找到了自己的立足点，他是传统派中的先锋派，又是现代派中的传统派。此外，无论是在诗歌还是散文中，布罗茨基始终具有一种怀疑精神和解构态度，读者随时随地都可以感受到他的嘲讽、调侃甚至刻薄，可是，在这一切的背后，却又时时能体味到某种温情。关于这一点，温茨诺瓦教授说过这样一段精彩的话：“他还具有俄语诗歌那种独特的伦理态度——缺少伤感之情，对周围的一切持有清醒的认识，对那些轰动性的题材持有外露的冷漠，但与此同时，却又充满对人的同情，带有对虚伪、谎言和残忍的憎恶。”

诗歌与政治，诗歌与散文，诗歌与语言，传统与先锋，保守与民主，冷漠与热忱，悲伤与理智……这些相互对立的因素纷乱地共存在布罗茨基的创作之中。然而，布罗茨基的这些矛盾绝不是浅薄而是深刻，绝不是问题而是答案。它们是深刻思考的结果，更是进一步深化思考的途径。也许，布罗茨基清楚地意识到了这些矛盾却允许它们继续存在；也许，布罗茨基的这些矛盾，就是古老诗歌与现代社会之矛盾的显现，就是诗人之当代处境的象征。

第十八章
归宿威尼斯

1996 年 1 月 29 日晚，我的一位研究美国文学的邻居打来电话，说他刚刚从英语新闻中得知，布罗茨基于前一天去世了；次日早晨，我赶到外国文学研究所上班，同事递上一本新出的《世界文学》杂志（1996 年第 1 期），上面刚好刊登着我翻译的《布罗茨基作品小辑》。看着《小辑》前所附的那幅诗人照片，我的心灵受到了第二次震撼。我这组译稿本可能发在《世界文学》最近的任意一期上，这一期的《世界文学》也可能在本月的任意一天被递到我的手上，但这期杂志恰好出现于我得知布罗茨基死讯的次日清晨；我本可以在任何时候想起来要介绍布罗茨基，也可以译介布罗茨基诸多佳作中的任意几篇，但被我选在这里的却恰好有《献给约翰·邓恩的大哀歌》和《文明的孩子》，而这两个作品都是以“死亡”为主题的。这一连串的巧合不禁使人感到神秘甚至可怖。

“巧合”还不止于此。翻一翻俄国的文学史，我们惊讶地发现，陀思妥耶夫斯基就死于1月28日，而普希金则死于1月29日。在《悼T.S.艾略特》一诗的开头，布罗茨基曾这样写道：

他死在一月，在一年的开端。
入口处的街灯下站着严寒。

而在更早一些的《悼弗罗斯特》一诗中，布罗茨基还这样写道：

这就是说，你已入睡。
也许，风从这里吹过，
它在飞向那条小溪，
也吹灭了你的蜡烛。

在新年的“入口处”，布罗茨基倒下了。他死于心肌梗塞。早在20世纪70年代，医生就诊断出他患有严重的心脏病，他后来也数次犯病，但都被抢救过来了。布罗茨基嗜烟如命，一直没有听从医生和朋友们的劝告戒烟。过度的抽烟以及繁重的脑力劳动，对一个老心脏病患者所构成的威胁是不言而喻的，因此，布罗茨基在五十六岁时的去世，据说并没有让他的亲人和朋友们感到非常意外。然而，他的死总让我感到是“非正常的”。一个像他那样的诗人，即使真的是“病死”的，也让人感到其中必定有着什么主观的、主动的因素。也许，这样的死才能使我们少一些惋惜和悲伤？布罗茨基作为一位美国公民死在美国，但国际诗歌界一直将他视为一位“俄语诗人”。和普希金、莱蒙托夫、勃洛克、马雅可夫斯基、叶赛宁等一样，他死在其创作的鼎盛时期，他再一次重复了俄罗斯诗歌天才们辉煌却又不幸的命运。他们的死亡似乎都不是必然的、瓜熟蒂落式的，然而，他们的死却又很难说是什么“夭折”，因为他们都已从容不迫地完成了自己的诗歌使命，而完成了使命的生命，其结束也许就不再是死亡了。

布罗茨基是在纽约的长老会医院去世的。2月1日，在与布罗茨基生前的寓所只隔三条街的一座教堂里，人们为他举行了安魂弥撒。来到教堂里的，不仅有他的亲人、生前好友、同事和学生，还有许多热爱他诗歌的读者。在追悼仪式中，他的朋友洛谢夫走上前去，代表大家朗诵了布罗茨基1972年所写的《相遇》一诗，该诗是对《新约·路加福音》第二章第二十二至三十六节之内容的转述：耶路撒冷人西面得到神灵启示，说他在自己死前必看见主所立的基督，他在圣殿中看到耶稣的父母抱着小耶稣进来，就双手接过来，称颂神说：主啊，让我安然去世吧，因为我已经看见了你的救恩，以色列的荣耀，这照亮外邦人的光。《相遇》一诗的结尾是这样的：

他去了。他用双手打开门，
却没有迈向街道上的嚣喧，
而是走进了死神那寂静的领地。
他去了，行走在没有生命的空间，

他听到，时间已经失去了声响。
在一片浓密松软的黑暗之间，
西面的灵魂走过死亡的道路，
把一个闪光的婴儿领到了眼前，

就像一只灯泡，照着那片黑暗，
在那黑暗中，哪怕只是偶然，
至今也无人能照亮自己的路。
灯泡在闪亮，道路也在逐渐变宽。

安魂仪式之后，布罗茨基的灵柩被送到曼哈顿的圣三一墓地。这是纽约最美的墓地之一，参天的树木聚拢起一片肃穆的氛围，茵茵的绿草冲淡了死亡的气息，壮阔的哈得逊河从一旁流过，对岸的新泽西风光隐约在目。然而，曾将纽约称为“我的城市”的布罗茨基，还是没有看中这块地方，他为自己选定的最后归宿是威尼斯的圣米歇尔墓地，而圣三一墓地只是他的暂厝之地。他的棺木被放置在墓墙上的壁龛中，封口的石板上并未刻有任何文字，石板的周围是一簇盛开的玫瑰。

一年半之后，布罗茨基在亲友的护送下来到了威尼斯。威尼斯是布罗茨基最钟爱的城市，他一生中多次造访过这座水城，并多次在诗中写到它，他关于威尼斯的最早诗作写于1973年12月，而最晚的一首则写于1995年10月。若将他的“威尼斯主题”的诗作合在一起，也许可以构成整整一部诗集。他曾在一首写威尼斯的诗中预言般地说道：“一次我也在冬天漂到了这里……”他还有这样一段描绘该城的诗句：

在这人间天堂的小巷里，
傍晚时分，我静静地伫立，
用缩成一块橡胶的肺叶，
吸着秋冬之交的纯净空气，
空气被屋顶的瓦染成粉红，
这样的空气总也呼吸不够，
尤其是到了人生的最后！

布罗茨基选择威尼斯作为自己的归宿之地，恐怕还有另外一些原因：他的最后一任妻子玛丽娅是意大利人，布罗茨基和她生有一个女儿，名叫安娜，在布罗茨基去世的时候，安娜才两岁多，布罗茨基选择威尼斯为长眠之地，也是为了返回妻女的故乡；此外，一直认同诗歌就是“对世界文明的眷念”、诗人就是“文明的孩子”的布罗茨基，对西方文明起源地之一的意大利一直情有独钟，他作为一个“文明的孩子”最终回归文明的源头，也是一个自然而然的选择。

如今，在威尼斯的米歇尔墓地，布罗茨基墓前的大理石墓碑在默默地注视着喧闹的海浪，而布罗茨基的灵魂则在那片古老文明的遗迹之上不停地翻飞。

第十九章
布罗茨基与中国

出生在 20 世纪三四十年代的苏联人，大多都对中国怀有较强的兴趣和较深的印象，因为他们成长的年代，恰好是中苏两国的蜜月时期。生于 1940 年的布罗茨基，在十余岁的时候，对中国不可能没有耳闻。而且，他的父亲亚历山大·布罗茨基还到过中国。当时，他父亲作为一名海军军官，曾随苏联军事顾问团来中国工作过一段时间。在自传中，布罗茨基这样记述了父亲从中国归来的那个夜晚：

> 我记得 1948 年 11 月那个漆黑、寒冷的夜晚，是在那间只有十六平米的狭小房间里，我和母亲在其中熬过了

> 战争年代。在那个夜晚，父亲从中国归来了。我记得，门铃响了起来，我和母亲冲向那片因塞满了海军军服而突然暗淡下来的空间：我的父亲，父亲的朋友和同事 F.M. 上尉，还有几个警卫员，一起走进过道，搬进三个很大的柳条箱，箱子里装着父亲在中国的收获，箱子四周都写有硕大的章鱼似的汉字。稍后，我和 F.M. 上尉坐在桌子上，当父亲打开柳条箱的时候，身穿一件黄、粉两色皱纱裙的母亲踮起脚跟，双臂紧抱，大声地喊了起来："啊！太棒了！"

在这箱来自中国的"收获"里，就有中国的字画、宝剑、丝绸和瓷器等。布罗茨基一直记得他家里摆放着的一尊中国瓷塑，上面是两个正在垂钓的中国渔夫，布罗茨基还记得，母亲常常擦拭这尊瓷像，每周两次，从不间断。在洗刷他们家那套精致的中国瓷器餐具的时候，母亲经常对小布罗茨基唠叨说："等到你将来结婚的时候，这套餐具就归你了。"应该说，在布罗茨基的家中，一直存在着某种"中国氛围"。

布罗茨基在地质勘察队工作的时候，曾鬼使神差地到过中国。他在接受《巴黎评论》记者的采访时讲述过这个"故事"：

> 我在中苏边境附近阿穆尔河以北的伊尔库茨克住过相当长一段时间。一次发大水的时候，我过河去了中国。不是我存心要去的，而是运载我们全部装备器材的木筏漂到

了阿穆尔河的右岸。所以，我就在中国待了一会儿。

据布罗茨基的好友洛谢夫教授告诉本书作者，布罗茨基生前一直渴望到中国访问，但一直没有找到合适的机会。在生命的最后几年，布罗茨基认真地学习汉语，还留下了许多“笔记”。据到过布罗茨基纽约寓所的莱茵回忆，布罗茨基固执地认为，他家院子里所有的树木都是“中国植物”。无论是在美国还是在英国，中餐馆都是布罗茨基最爱光顾的地方，1987 年，就是在伦敦的一家中餐馆里，布罗茨基得到了自己获得当年诺贝尔文学奖的消息。

在布罗茨基的诗歌中，中国形象不止一次地出现过，比如在《牧歌之五（夏歌）》（1981）的结尾，他就曾写道：“像在床垫的丘陵和 / 低谷间久久地旋转，分辨 / 哪儿是汉字，哪儿是逗点；/ 在外面喧闹着浓密 / 而未黄熟的中国的力。”但是，能被称之为“中国主题”的作品，在布罗茨基的诗歌中恐怕也就只有《明代书信》（1974）这一首：

一

很快即满十三载，从挣脱鸟笼的夜莺
飞去时算起。皇帝望着黑夜出神，
用蒙罪裁缝的血冲服丸药，
仰躺在枕头上，他上足发条，
沉浸于轻歌曼曲催眠的梦境。
如今我们在人间的天堂欢庆
这样一些平淡的奇数的周年。

那面能抚平皱纹的镜子一年
比一年昂贵。我们的小花园在荒芜。
天空被屋顶刺穿，像病人的肩头
和后脑（我们仅睹其项背）。
我时常为太子解释天象。
可他只知道打趣开心。
卿卿，此为你的野鸭所写之信，
用水墨在皇后赐给的宣纸上誊抄。
不知何故，纸愈来愈多，米愈来愈少。

二

俗话说：千里之行，始于足下。
可惜，那远远不止千里的归途
并不始于足下，尤其
当你每次都从零算起。
一千里亦罢，两千里亦罢，
反正你此时远离你的家，
言语无用，数字更于事无济，
尤其是零；无奈是一场瘟疫。

风向西边吹，一直吹到长城，
像黄色的豆粒从涨裂的豆荚飞迸。
长城上，人似象形文字，恐惧
而又怪异；像其他一些潦草的字迹。

朝着一个方向的运动
在把我拉长，像马的头颅。
野麦的焦穗摩擦着暗影，
耗尽了体内残存的气力。

这首写中国的诗，如同大多数西方作家关于中国的作品一样，让我们感觉似是一种对中国（东方）的印象式、概念化的表层描述。不过，作为一个直接写中国的作品，布罗茨基的这首诗还是很让我们感兴趣的；他的这首诗，也很受西方读者和论者重视，认为此诗写得很美。这首诗话语自然流畅，通篇押双行韵，有东方谣曲的神韵。全诗由两封书信构成。第一封是一位宫中人的信，通过这写信人的转述，皇帝的无聊和骄奢、昏庸和残忍表露无遗。结尾的“纸愈来愈多，米愈来愈少”一句很有概括性，纸是“宣纸”（布罗茨基在原文中写作“薄薄的稻草纸”），米是稻米，本来自同一种植物，如今却一多一少，故“不知何故”。但若将皇帝的丸药和玩具、太子的寻开心、皇后的四处赐纸等联系在一起，就不难感觉出，宫廷中重的是物质和享受（米），轻的是文化和精神（纸）。米因此显得少，纸因此显得多。第二封信是一位盼夫归家的妇人（孟姜女？）所写的家书。一句著名的中国成语被巧妙地用于起始，传导出了写信人的无奈和思念。长城上劳作（戍边？）的人像飞迸出豆荚的、随风而飘的豆粒，像奇异、恐惧的象形文字；象征统治力量的“暗影”和状喻平民百姓的“野麦的焦穗”在相互摩擦，耗尽民族的气力。因此，这两封诗的情书，不仅道出了一种情思绵长的思念，还写出了感情与义务的对立，更体现了个性与专制的冲突。在猜透了布罗茨基的这一题旨之后，我们就不难理解，为何有论者又将这两封情书归入了布罗茨基创作中的“帝国主题”。

较之于布罗茨基对中国的了解，中国对他的了解显然要更为充分一些。1990 年，在布罗茨基获得诺贝尔文学奖之后不久，中国桂林的漓江出版社就迅速出版了由王希苏、常晖合译的《从彼得堡到斯德哥尔摩》一书，书中收入了布罗茨基的抒情诗、长诗、散文和评论等各类体裁的作品，还附有关于布罗茨基生平和创作的长篇序言。1997 年，由本书作者撰写的《诗歌漂流瓶——布罗茨基与俄语诗歌传统》一书由杭州的浙江文艺出版社出版，布罗茨基的好友温茨洛瓦为该书写了序言；1999 年，北京的中央编译出版社又出版了本书作者翻译的布罗茨基文集《文明的孩子：布罗茨基论诗和诗人》。在中国出版的各种诗歌选本里，常常可以看到布罗茨基的诗作；布罗茨基的生活和创作，也常常成为中国当代诗人和学者的话题。在中国的高校里，已有学生以布罗茨基的创作为对象撰写学位论文。可以说，布罗茨基在中国已经得到了比较广泛的阅读和比较深入的研究。

第二十章

布罗茨基的意义

布罗茨基去世之后，许多世界著名的诗人都纷纷发表意见，说当代诗歌中似乎突然出现了一个“空白”。温茨洛瓦教授在为本书作者所写的布罗茨基研究专著作序时，开篇就这样写道：“在约瑟夫·布罗茨基于1996年1月去世之后，许多人在他生前就已明白的一点，便成为显而易见的了：这是20世纪后半期唯一一位可以与世纪之初灿若星辰的诗人们相媲美的俄语诗人。”如今，在布罗茨基去世数年之后，我们似乎感到，俄语诗歌的世界影响在逐渐下降，俄国侨民文学也仿佛走到了尽头，只有在这个时候，我们才更清楚地意识到了布罗茨基在20世纪俄语文学乃至世界诗歌中不可替代的价值和意义。

首先，布罗茨基是白银时代俄语诗歌和彼得堡诗歌传统的伟大继承者。每一位诗人都自觉或不自觉地置身在诗的传统之中。布罗茨基说过："每一位作者都在发展，甚至是在用否定的方式发展其前驱的公设、语汇和美学。"一个诗人是无法完全离开传统的，即便是反传统，也同样是传统的延续，因为那正是在证明传统的存在和传统的强大，就是在"用否定的方式"发展传统。同时，任何一个有成就的诗人，都或多或少地要对诗歌传统作出自己的贡献。对于一个诗人及其创作的批评，往往都是在对他与诗歌传统之关系的考察中进行的。

布罗茨基对诗歌传统是充满敬重的，对俄语诗歌传统，尤其是俄国白银时代诗歌传统的继承和发展，是他成功的主要原因之一。站在诺贝尔文学奖颁奖典礼的讲坛上，布罗茨基回忆起的那五位诗人，就是对他影响最大的诗人，尤其是其中的三位俄国诗人。如果说，布罗茨基从曼德尔施塔姆那里继承了面对诗歌的神圣感，从阿赫马托娃那里继承了面对诗歌的高贵感，那么，他从茨维塔耶娃那里学到的也许就是自由奔放的诗人个性。

如今，人们已经清楚地意识到，布罗茨基的成功，在很大程度上是仰仗他对白银时代俄罗斯文学的传统，尤其是阿克梅派诗歌传统的继承，因此，布罗茨基又被称为"最后一个阿克梅派诗人"。从布罗茨基对曼德尔施塔姆、阿赫马托娃之间明显的继承关系来看，布罗茨基确实可以被视为阿克梅派“迟到的”一员；他对文化、对诗歌所怀有的近乎偶像崇拜式的虔诚感情，表明他确实是俄国诗歌中“彼得堡传统”的传人。他受白银时代俄国诗歌传统的影响而形成的诗歌态度和诗歌风格，既不同于他同时代的俄苏诗歌，也不同于西方的诗歌。在20世纪的国际诗坛上，布罗茨基就像一个虽显得与现实不大合拍，却因拥有蓝色诗歌血统而保持高傲的“最后的俄国贵族”。

其次，布罗茨基是英、俄两大诗歌传统的成功对接者。需要指出的是，布罗茨基不仅是俄语诗歌的传人，他还在英语诗歌中找到了他感觉亲近的传统。在诗歌创作的一开始，布罗茨基就刻苦地自学英语，并通过精读和翻译，从英国17世纪玄学派诗人那里汲取了丰富、有益的诗歌营养。除了玄学派诗歌的深邃意象之外，弗罗斯特的精巧诗体和奥登的批判精神，都对布罗茨基产生过非同一般的影响。20世纪70年代起，命运将这个俄语诗人抛进了英语世界，他不得不重新开拓自己的诗歌疆界。他在大学里用英语讲授俄语诗歌和英语诗歌课程，他用英语接受采访、发表演说并撰写各类文章，他还亲自动手将自己的诗歌翻译成英语，甚至直接用英语进行创作，他受到广泛好评的散文作品，大都是用英语创作的。布罗茨基离开苏联的时候不过三十多岁，开始写诗也才十来年，可他后来在美国却生活了二十四年。据接近他的人说，他的英语后来已经毫无问题。尽管这样，还是有人，比如说对布罗茨基评价甚高的英国著名学者以赛亚·伯林，认为布罗茨基的英语诗始终不如他的俄语诗，但更多的英语读者却似乎都接受了布罗茨基的英语作品。成功地掌握了英、俄两大语言，对这两种语言所负载的诗歌传统进行综合性继承，在创作中成功地将两者融为一体，这是布罗茨基对20世纪世界诗歌作出的最大贡献。似乎早在东西方的政治“冷战”结束之前，布罗茨基就在诗歌中提前拆除了文学的柏林墙。

基于对不同时代，不同语种和不同大师的诗歌遗产的融会贯通，布罗茨基成了20世纪最杰出的诗人之一；而他的充满了革新精神的创作，又成了20世纪诗歌遗产中的一个重要组成部分。

第三，布罗茨基的创作和命运构成了一个个性抗争专制的象征。作为一个诗人，布罗茨基一直是不大“合群”的，他有诗友，有阿赫马托娃这样的诗歌导师，但他仍是孤独的，这种孤独像是一种与生俱来的天性。同时，一连串不幸遭遇所形成的外力压迫，流亡的经历，使这一性格又有了更夸张的体现。布罗茨基之所以在世纪中叶回首求教于世纪之初的诗歌遗产，是因为他在现实的文学中感觉到自己是个局外人；他之所以成为地下文学的代表，是因为他难以用正常的方式吐露他那与众不同的声音。他的磨难和他的诗歌，都是他的这一个性的合理结果。在布罗茨基的个性中积淀着这样两个基本的性格因素：真诚和焦虑。好的诗人多是真诚的人，在生活中的表现往往像个大孩子。布罗茨基的为人和作诗，都体现着真诚。他仿佛不想隐瞒什么，不想改换什么，只求把原本的个性真实地展示出来。同时，和俄国诗人茨维塔耶娃一样，他身上始终存在着某种焦虑，或是由于内心激情的涌动和生存状态的刺激，或是对个人命运和文化命运的担忧，他的诗始终贯穿着一种不安的情绪主线。对这种焦虑感的真诚表露，构成了他的诗歌个性的主要风格特征之一。

个性是诗的基础，诗歌创作是一种以个性为前提的劳动。一位诗人或一首诗存在的理由，就是他或它与同类相比而具有的独特性。诗因此而拒绝重复，拒绝抄袭别人的体验。同时，诗也是个性的美学显现，在人类的一切劳动成果中，只有诗（艺术）能最充分地体现其制作者的个性。诗又是培养个性的最佳手段。布罗茨基曾说："如果艺术能教授些什么（首先是教给艺术家），那便是人之存在的个性。作为一种最古老也是最简单的个人投机方式，它会自主或不自主地在人的身上激起态度独特性、单一性、独处性等感觉，使他由一个社会化的动物转变为一个个体。"在诗与个性之间，存在着复杂的相互作用关系。一方面，发达的个性产生诗，在诗歌中找到了归宿；另一方面，诗又强化、发展着个性，使个性升华为具有美学意义和文化价值的存在。在布罗茨基这里，我们看到了这两者相互作用的过程和结果。然而，在一个强调集体意识、抹杀个性的时代里，布罗茨基和他的诗会遭遇怎样的命运，也是可想而知的了。阿赫马托娃有一次在谈到曼德尔施塔姆时曾感叹道：就是换一个时代，他的命运也好不到哪里去。不过，主张个性的诗人在专制社会中的存在，本身就具有非常重大的意义，他构成了一种诗歌对强权的抗议，也实现了文化的延续。

最后，布罗茨基通过他的诗歌创作和诗歌布道，极大地提升了诗人的作用和诗歌的地位。诗歌在布罗茨基的心目中是神圣而又崇高的。诗人以诗对文明作出自己的贡献，同时赢得自己的不朽。布罗茨基将诗与文化、与人类文明相联系，确立诗歌的文化历史意义，肯定诗人在文明进程中的作用和使命。他对诗歌的忠诚态度，也是我们理解他的诗歌观念和诗歌创作的一把钥匙。

将诗歌定义为“对世界文化的眷念”，将诗人定义为“文明的孩子”，这就是布罗茨基给我们留下的不朽命题。

布罗茨基年谱

1940年5月24日

出生在列宁格勒，父亲亚历山大·布罗茨基是犹太人，母亲玛丽娅·沃尔珀特是拉脱维亚人。

1946年

在列宁格勒上学。

1950年

在海军工作的父亲退伍。

1955年

主动辍学，为帮助家庭开始工作，先后做过兵工厂的铣工、医院太平间的看守等。

1957年

参加地质勘察队，同时开始写诗。

1960年

在地下出版物《句法》上发表第一首诗作。50年代末开始大量阅读俄语诗歌作品，用他自己的话说，在两三年里“读尽了”俄国大诗人的所有作品，与此同时，他自学英语和波兰语，并开始诗歌翻译，曾加入列宁格勒作协翻译组。

1961年

为专心写诗而离开地质队，同年在列宁格勒正式文学期刊《篝火》上发表诗歌。

8月7日，经莱茵介绍认识阿赫马托娃。

1963年

写出并多次在公开场合朗诵《献给约翰·邓恩的大哀歌》，一举成名。

11月29日，《列宁格勒晚报》上刊出《文学寄生虫》的署名文章，点名批评布罗茨基。

1964年

1月在列宁格勒被捕。

2—3月，在列宁格勒先后两次受审，被判五年流放，随后被流放至苏联北方阿尔汉格尔斯克州科诺沙区诺伦斯卡雅村。

1965年

8月，在流放地的地方报纸《号召》上发表《黎明的拖拉机》等诗。

11 月，因阿赫马托娃等知识界人士斡旋，其刑期被缩短，返回列宁格勒。

其第一部诗集《长短诗集》由国际语言文学协会在美国出版。

1966 年

再次在《篝火》杂志上发表诗作。

20 世纪 60 年代

与列宁格勒女画家玛丽娅·巴斯马诺娃相恋。

1967 年

其第一部英文版诗集《〈献给约翰·邓恩的大哀歌〉及其他》在伦敦出版。

儿子出生。

1970 年

纽约契诃夫出版社出版其诗集《荒野中的停留》。

1972 年

6 月 6 日，离开列宁格勒开始流亡生活，先到维也纳，得到奥登的帮助。

6 月底，与奥登一起赴伦敦，出席国际诗歌节，随后前往美国，居住在阿尔迪斯出版社所在的安阿伯。

12 月，成为密歇根大学驻校诗人，同时在该校讲授俄语和英语诗歌。

1973 年

由奥登作序的英文版《诗选》被收入“企鹅版现代欧洲诗人丛书”，在伦敦出版。

1976 年

第一次心肌梗塞，后多次发作，先后做过两次心脏手术。

1977 年

入美国籍。

马拉姆津编成《布罗茨基四卷集》，该书以打印稿形式在列宁格勒传播。

美国安阿伯的阿尔迪斯出版社出版其诗集《美好时代的终结》（1964—1971 年间的诗）和《话语的部分》（1972—1976 年间的诗）。两部诗集均由马拉姆津和洛谢夫编。

1978 年

获美国耶鲁大学名誉博士学位。

任英国剑桥大学客座教授。

1979 年

被选为美国艺术科学院成员。

1980 年

纽约的法拉尔、斯特劳斯和吉罗克斯出版社出版其英文版诗集《话语的部分》。

1981 年

获美国麦克阿瑟奖。

1982 年

纽约的鲁西卡出版社出版其诗集《罗马哀歌》。

1983 年

阿尔迪斯出版社出版其诗集《献给奥古斯都的新篇》。

1984年

阿尔迪斯出版社出版其剧本《大理石》。

20世纪80年代中期

父母先后去世，自布罗茨基流亡之后，父母一直没能和他再见一面。

1987年

阿尔迪斯出版社出版其诗集《乌拉尼亚》。

获诺贝尔文学奖，是该奖历史上最年轻的获奖者之一。

法拉尔、斯特劳斯和吉罗克斯出版社出版其英文版散文集《小于一》，该书后获美国全国图书奖。

1988年

法拉尔、斯特劳斯和吉罗克斯出版社出版其英文版诗集《乌拉尼亚》。

其诗作开始在苏联报刊上刊出。

1989年

法拉尔、斯特劳斯和吉罗克斯出版社出版其英文版剧作《大理石》。

1990年

莫斯科的文学出版社出版其诗集《话语的部分》，诗人的作品从此全面回归祖国。

列宁格勒的斯马尔特出版社出版其诗集《训言集》，由乌福里扬德编，收入其1962—1989年间的诗作。

伊马尔特出版社出版其诗集《鹰的秋鸣》，由奥尔迦·阿勃拉莫维奇编。

列宁格勒的阿尔加基金会出版社出版《布罗茨基诗集》，由科马罗夫编。

中国桂林的漓江出版社出版布罗茨基的第一部汉译作品集《从彼得堡到斯德哥尔摩》，由王希苏、常晖编译。

布罗茨基诞辰五十周年庆祝活动在英国等地举行。布罗茨基出席伦敦国际诗歌节，应邀在英国皇家科学院发表了题为《歌手和鸟儿》的演讲。伦敦一家剧院上演其《民主！》一剧。

1991年

获美国国会图书馆授予其“桂冠诗人”称号。

获英国牛津大学名誉博士学位。

列宁格勒的儿童文学出版社出版其《一艘小拖船的故事》。

列宁格勒的埃克斯里勃雷斯出版社出版其诗集《给一位罗马朋友的信》，由奇热夫编。

圣彼得堡的电影中心出版社出版其诗集《丘陵》，由戈尔丁编。

1992年

法拉尔、斯特劳斯和吉罗克斯出版社出版其英文版散文《水印》。

与意大利女士玛丽娅·索扎尼结婚。

莫斯科的词语出版社出版其散文集《无法治愈者们的滨河街》，由戈雷舍夫编。

莫斯科的《独立报》出版社出版其诗集《圣诞之诗》。

明斯克的埃里丹出版社出版其两卷本诗文集《时间的形

式》，由乌福里扬德编。

圣彼得堡的普希金基金会开始出版多卷本《布罗茨基文集》，由科马罗夫主编，1992年出版第一卷，1994年出版第二卷和第三卷，1995年出版第四卷。

莫斯科的《独立报》出版社出版《布罗茨基论阿赫马托娃》。

1993年

俄罗斯宣布恢复布罗茨基国籍。

女儿安娜出生。

1995年

法拉尔、斯特劳斯和吉罗克斯出版社出版其第二本英文散文集《悲伤与理智》。

莫斯科的《独立报》出版社出版其《沟壑纵横的地方》。

1996年

1月28日，在纽约逝世，葬于纽约近郊，根据诗人遗愿，后迁葬于意大利威尼斯城的米歇尔公墓。

阿尔迪斯出版社出版其《水印》，由苏梅尔金编。

法拉尔、斯特劳斯和吉罗克斯出版社出版其英文版诗集《如此等等》。

1997年

莫斯科的《独立报》出版社出版《布罗茨基论茨维塔耶娃》。

1999年

北京的中央编译出版社出版其文集《文明的孩子：布罗

茨基论诗和诗人》，刘文飞译。

2002 年

有关人士在圣彼得堡筹建布罗茨基故居博物馆。

主要参考书目

1.（美）布罗茨基:《从彼得堡到斯德哥尔摩》，王希苏、常晖译，漓江出版社，1990 年。

2.（美）布罗茨基:《文明的孩子：布罗茨基论诗和诗人》，刘文飞译，中央编译出版社，1999 年。

3. 刘文飞:《诗歌漂流瓶——布罗茨基与俄语诗歌传统》，浙江文艺出版社，1997 年。

4. J.Brodsky, *Less Than One*, New York: Farrar Straus Giroux, 1986.

5. J. Brodsky, *On Grief and Reason*, New York: Farrar Straus Giroux, 1995.

6. J. Brodsky, *A Part of Speech*, Oxford University Press,

1980.

7. Edit. by L. Loseff and V. Polukhina, *Brodsky's Poetics & Aesthetics*, Basingstoke: Macmillan, 1990.

8.V. Polukhina, *Brodsky through the Eyes of His Contemporaries*, Basingstoke: Macmillan, 1992.

9. V. Polnkhina, *A Poet for Our Time*, Cambridge University Press,1989.

10.И.Бродский, *Часть речи*, Москва: Художественная литература, 1990.

11. И.Бродский, *Часть речи*, Ардис, 1977.

12. И.Бродский, *Новые стансы к Августе*, Ардис, 1983.

13. И.Бродский, *Урания*, Ардис, 1987.

14. И.Бродский, *Конец прекрасной эпохи*, Ардис, 1977.

15. И.Бродский, *Холмы*, СПБ: Киноцентр, 1991.

16. *Бродский об Ахматовой. Диалоги с С. Волковым*, Незвависимая Газета, 1992.

17. М. Крепс, *О поэзий Иосифа Бродского*, Ардис, 1984.

18. Под ред. Л. Лосева, *Поэтика Бродского*, Эрмитаж, 1986.

19. Сост. Л. Лосев и П. Вайль, *Иосиф Бродский*: *Труды и дни*, Независимая Газета, 1996.

20. В. Агеносов, *Литература русского зарубежья*, Терра-спорт, 1998.

再版附记

这本书是我近 20 年前的旧作。

20 世纪 90 年代初，我以“布罗茨基的创作”为题撰写博士论文，其间借助通信结识了国际上一些著名的布罗茨基研究专家，如英国基尔大学的帕鲁希娜教授、美国耶鲁大学的温茨洛瓦教授、美国达特默思学院的洛谢夫教授等。在与洛谢夫教授的联系中得知，他打算为布罗茨基作传，我当即表示，等他的传记写成后我会在第一时间将其译成汉语。1996 年，布罗茨基在纽约去世，对于全世界的布罗茨基研究者们而言，对这位 20 世纪最重要的诗人之一进行盖棺定论的工作就变得迫切起来，我去信问询洛谢夫教授的传记之进展，他说他正在快马加鞭，不过由于身体健康原因，进度并不如他意。他还在信中善意地提醒我："你对布罗茨基也很熟悉，你不用只是催促我，你自己也可以用中文写作布罗茨基的传记啊。"当时恰逢北京新世界出版社在组织出版一套"二十世纪外国经典作家传记丛书"，我顺势提出的《布罗茨基传》选题被出版方接纳。之后，我利用在撰写博士论文时积攒的资料，用半年的时间写成了这本《布罗茨基传》。此书于 2003 年 9 月面世，成了世界上第一本布罗茨基传记。

在我这本《布罗茨基传》出版后不久，洛谢夫教授也完成了他的《布罗茨基传》，该书俄文版由莫斯科的青年近卫军出版社作为"杰出人物生平丛书"之一种于 2006 年出版。他将此书版权无偿转让给我，我将其译出，于 2009 年 8 月由东方出版社出版。但遗憾的是，就在此书出版前三个月，洛谢夫教授却因病在美国去世，未及亲眼看到他著作的中译本。

我的这本《布罗茨基传》写得比较匆忙，受"二十世纪外国经典作家传记丛书"统一体例的制约，篇幅也不大。此书写成之后，本人继续研究和翻译布罗茨基，陆续出版了一些布罗茨基作品的译著，除前面提及的洛谢夫教授的《布罗茨基传》外，还有《文明的孩子：布罗茨基论诗和诗人》（中央编译出版社 1999 年版）、《布罗茨基谈话录》（与马海甸、陈方合译，东方出版社 2008 年版）、《悲伤与理智》（上海译文出版社 2015 年版）等。2009—2010 年，我又以富布赖特学者身份在美国耶鲁大学访学一年，主要目的就是研究布罗茨基。应该说，自这本《布罗茨基传》出版至今，我对布罗茨基的生活和创作又有了一些新的认识。但是，重读这本多年前写就的小书，我觉得还是可以不做太多修订，因为其中的材料还是比较可信的，其中的观点也是基本成立的，更为重要的是，本书也有其独特的风格。我曾在此书初版的《自序》中说明了此书的写法和风格：

> 十多年前，在以“布罗茨基的创作”为题写作博士论文时，我对布罗茨基曾有过一次细致的阅读。此次，为写作这本《布罗茨基传》，我重新阅读了诗人的作品以及一些相关资料，在数十天的时间里与布罗茨基似乎又重叙旧情，进行了一场深入的交谈。这里记录的，便是我们交谈的内容以及我在交谈之后的感触和思考。
>
> 布罗茨基不爱张扬自己，除了本书提到的他那两篇关于早年生活的回忆性散文《小于一》和《在一间半房子里》，他几乎没有留下任何自传；在美、俄和欧洲其他国家，至今也都不曾出版布罗茨基的传记或评传。缺少相关的资料，给本书的写作带来了一些困难，但这同时也给本书作者提供了更大的写作空间。布罗茨基在不同的场合多次说过：“诗就是诗人的传记”，“诗就是其作者的自画像”，“诗中具有一切的回声”。我们试图通过对布罗茨基诗歌作品的解读，来认识诗人，理解他的创作，因此，本书作者在这里较多地引用了布罗茨基的作品，较多地对这些作品进行了赏析，较多地对布罗茨基的诗学观念和美学思想进行了梳理和概括。

也就是说，这本《文明的孩子：布罗茨基传》既是我与布罗茨基的“谈话录”，也是我对布罗茨基作品的“阅读笔记”，更是我对他一生生活轨迹的“扫描”。我尝试从他的生活和创作中截取某些“节点”，加以拼贴和组合，以给出一幅速写画。好在由我翻译的洛谢夫教授的《布罗茨基传》也即将由上海雅众推出新版，如果说我这本《文明的孩子：布罗茨基传》是一幅素描肖像，那么洛谢夫教授的《布罗茨基传》就是一幅油画肖像，对布罗茨基感兴趣的读者不妨比对着阅读。

感谢葛灿红女士为本书再版所付出的辛劳！

2022 年 5 月 4 日

于北大文研院